史鉴录

新——南北朝

本书编写组

中国言实出版社

图书在版编目（CIP）数据

史鉴录．新～南北朝 / 《史鉴录》编写组编著． --
北京 ： 中国言实出版社，2015.11
ISBN 978-7-5171-1576-2

Ⅰ．①史… Ⅱ．①史… Ⅲ．①中国历史－新莽时代～
南北朝时代－通俗读物 Ⅳ．① K220.9

中国版本图书馆 CIP 数据核字（2015）第 233802 号

出 版 人：王昕朋
责任编辑：周汉飞
美术编辑：张美玲

出版发行　**中国言实出版社**
　　　　　地　址：北京市朝阳区北苑路180号加利大厦5号楼105室
　　　　　邮　编：100101
　　　　　编辑部：北京市西城区百万庄大街甲16号五层
　　　　　邮　编：100037
　　　　　电　话：64924853（总编室）　64924716（发行部）
　　　　　网　址：www.zgyscbs.cn
　　　　　E-mail：zgyscbs@263.net
经　　销　新华书店
印　　刷　三河市祥达印刷包装有限公司
版　　次　2016年3月第1版　　2016年3月第1次印刷
规　　格　710毫米×1000毫米　1/32　4.75印张
字　　数　75千字
定　　价　22.00元　　ISBN 978-7-5171-1576-2

目录

王莽的币制改革

西汉末年，汉哀帝死后，王莽掌握了朝中大权，立年幼的汉平帝即位。五年后，王莽不满足于当摄政大臣，逼迫平帝禅位，自己当上了皇帝，改国号为"新"，称自己为"新始祖"。新朝建立起来之后，王莽意识到自己面对的是怎样一种局面。由于长时间以来的官员腐败和地方豪强的兼并剥削，百姓的生活处于水深火热之中，民怨四起，多个地方都有动乱的苗头。为了稳定自己刚刚建立的王朝，王莽决定实行改革，史称"王莽改制"，其中的重头戏就是改革货币制度。

其实王莽在摄政的时候，就已经对币制进行过改动。当时国家使用的货币一直都是五铢钱，本来五铢钱是一种比较合理的货币制度，但是当时的朝廷不顾市场规律，大量发行钱币，导致市场上的五铢钱大大超出了需要，从而引起货币贬值，物价越来越高。有时候买一点小东西都要用成筐的货币，这给人们的生活带来很大不便。因为以前有过子母相权的货币理论。因此王莽决定发行大币值的钱，同时兼用五铢钱，这样大钱和小钱并用，就可以最大程度地方便民众交易。他当时发行的大钱共有三种，一种叫作"大泉"，相当于五十钱，上面铸有"大泉五十"的字样；一种叫契刀，相当于五百钱，上面铸有"契刀五百"的字样；一种叫"错刀"，相当于五千钱，上面用黄金镶着"一刀直五千"的字样。这几种大钱跟五铢钱并用，构成了当时的货币体系。

这种货币制度可以说是比较靠谱的，但是当王莽做上了皇帝之后，就又改主意了。他夺取的是刘家的皇位，而"刘"在当时的写法是"劉"，其中既有"金"，又有"刀"，他觉得人们在使用契刀和错刀的时候，会很自然地想起刘家皇室来，于是他下令废除了契刀和错刀。又因为五铢钱是汉武帝创造的，他觉得这更容易让人想起汉室来，因此连五铢钱也废除了。

这样一来，能用的货币就只剩下大泉了，而这是肯定不能满足市场交易的需要的。于是王莽又开始发行小钱，用来和大泉并行使用。新发行的小钱总共有五种，币值分别为一钱、十钱、二十钱、三十钱、四十钱，这些小钱配合着大钱一起使用。

这种货币制度还不算太麻烦，但是刚刚实行了一年，王莽就又改变了，开始推行"宝货制"。所谓"宝货"，就是将金、银、贝、龟甲、布币和铜钱这几样物品用作货币，并给它们规定出各自的币值和相互之间的换算方法，这些货币统称为"宝货"。这些宝货种类繁多，币值计算方法也麻烦。

其中黄金只有一种币值，相当于一万钱。银币有两类，单位为流，其中，一流朱提银币可兑换一千五百八十钱，一流其他的银币可兑换一千钱。贝币按大小分为五种，有专门测量大小的量器。如果放在量器上能够漏下去，就是最小的一种贝币，每一枚价值三钱；其余的四种都要大一些，两枚作为一朋使用，币值依次为十钱、三十钱、五十钱、二百一十六钱。龟币也叫"龟宝"，共有四种，按照龟甲的大小来分类，这四种龟币的币值分别为二千一百六十钱、五百钱、三百钱、一百钱。布币总共有十种，按币值从小到大分别为小布、幺布、幼布、厚布、差布、中布、壮布、弟布、次布、大布，相邻的两种布币之间币值相差一百钱。铜钱则主要是仿照五铢钱的形制来铸造的，只不过名称不一样。

上面这些货币的种类加起来，总共有二十多种，一个国家的货币种类如此之多，可以说是非常罕见的。王莽之所以发行这么多种类的货币，其实他的出发点也许未尝不对。他觉得人们在交易过程中会出现各种交易额，币值太大或者太小，交易起来都不方便，而如果发行多种币值的货币，那不管是什么样的交易，人们都可以使用相应币值的货币，这样使用起来岂不是非常方便。

不过他只想到了一方面，却忘记了另一方面。多种币值虽然会让人们在交易中计算数字变得简单，但是如此之多的种类，却很容易让人弄混，无法记清相互之间是怎么换算的，也很难弄清什么时候该用什么样的货币。因此，人们在私下里还是继续使用五铢钱，王莽的那种货币制度根本无法在民间施行。

王莽看到自己推行的货币政策无法让人们接受，于是就开始利用法令强行推广。他下令，只要是私自携带五铢钱的，就要被判流放。虽然采取了高压政策，但是人们还是无法接受新的货币政策，无奈之下，人们只好停止交易活动，市场渐渐陷入了瘫痪。因为交易活动而获罪的人，则在不断增加，甚至包括一些朝廷大臣。

看到自己的货币政策施行得越来越艰难，王莽也知道这样下去不行，于是下令暂停使用那些宝货，只使用价值一钱的小钱和价值五十钱的大钱流通。但是过了几年，王莽突然又宣布，原来的宝货依然可以使用，并大幅调整了各种货币之间的兑换比例。同时他决定废弃原来的大钱和小钱，改为使用货布和货泉，货布币值为二十五钱，货泉币值为一钱。但是过了段时间，他又认为老百姓用了那么长时间的大钱，如果突然禁止了，百姓们会不适应。于是他下令，人们暂时可以使用大钱，但是只允许使用六年，六年以后要全部废止。

　　王莽的政策总在变化中，这让人们无法适应，很多人因为货币方面的政策改动而获罪。虽然王莽减轻过刑罚，但是仍然有很多人家破人亡。而且他的每一次货币政策的变动，都会给人的财富带来巨大影响，也许前一天还挺富有，第二天就变得一贫如洗了。公元23年，绿林军攻入长安，王莽被杀。刘秀称帝后，废弃了王莽的货币制度，恢复了五铢钱制度。

刘秀"柔道"治国

新朝末年，群雄并起，天下大乱。身为西汉宗室的刘秀经过多年战争终于成功的统一中国。由于他仍以"汉"为国号，并定都洛阳，所以史称"东汉"，刘秀也就是汉光武帝。

东汉建立之初，百业凋敝，从新莽政权末年开始的长达二十年的战乱，使得人口锐减，西汉末年的近6000万人口只剩下了2000万。刘秀并没有像推翻王莽的更始帝一样，在获取帝位后骄奢淫逸，而是励精图治。他提出了"柔道"治国的主张，运用柔和的德政，成功的将百姓从极端困苦之中解救出来，并使东汉的国力大幅提升。

当时百姓的人口在战争之后大幅减少，但地方上的官员数量却仍很多。由于官员不事农桑，需要农民供养，所以农民负担很重。鉴于这种情况，光武帝刘秀决定精简政府部门，淘汰多余人员，将人口土地不足的郡县合并，以减少政府的消耗。政令传达下去，一下子就将十个郡，四百多个县合并，减少了大量的政府部门和官员，大大减轻了百姓的负担。光武帝鉴于西汉末年官员贪腐横行导致民怨四起的情况，大力对吏治进行整顿。对于廉洁、贤能的人才予以官职，政绩优异者大加赏赐，而对于贪赃枉法者严惩不贷。官场的风气很快就得到了扭转。

从西汉后期开始，出于各种原因，许多破产的农民沦为奴婢，成为当时十分严重的社会问题。虽然王莽等人也曾试图解决奴婢问题，但由于施行不当，并未得到地主和奴婢任何一方的欢迎，甚至大量的奴婢参与到了反抗王莽的起义军之中。由于很多奴婢在起义军中很多立有军功，实际上已经获得解放，光武帝顺水推舟，提出"天地之性人为贵"，并多次直接下令释放奴婢，同时制定了禁止虐待奴婢的政策，使得奴婢的地位有所提高。释放奴婢直接使得众多的下层劳动人民获得了自由。虽然刘秀释奴未能彻底，但也使得国家增加了参与生产的劳动人口，国家的收入大大增加。

为了使民众安心生产，使百姓能够从战乱中恢复过来，光武帝采取了休养生息的政策。他废除了西汉末年的"什一税"制，将税率重新恢复到汉文帝时期的"三十税一"制。他还在各地兴修水利，为农业生产提供便利。而对于周边的少数民族，则尽量减少与其摩擦，使百姓免于战争之苦。当时曾有大臣建议趁匈奴分裂之际发兵攻打，被光武帝以"息民"的理由拒绝了。

东汉政权的建立，豪强地主贡献不小。然而由于豪强地主大量兼并土地，农民大量破产沦为奴隶，使得参与生产的劳动力减少，而且他们倚仗权势与不法官员进行勾结，隐瞒自己侵占的土地，让贫苦的农民承担本应随土地转让的赋税负担。这样残酷的剥削让农民难以承受，国家的税收因此陷入困难，同时为社会发展埋下了隐患。

为了解决这些问题，光武帝下令推行"度田"，命令各地对耕地、户口、年龄就行全面核查。然而在实际的执行过程中，很多的州郡官员却与豪强地主相互勾结，并未对他们实行真正度田，放任甚至帮助他们隐瞒土地和人口。而面对普通百姓之时，却将房屋道路等也纳入耕地范围，要求其纳税。由于官员的不法行为，导致了百姓的实际税赋反而增加，农民生活更加困难，许多地方开始爆发起义。

光武帝刘秀在察觉出豪强地主和官吏的不法行为之后，决定采取镇压与安抚并举的措施。对于闹事的豪强地主，领头的人加以严惩，其余的迁往其他郡县，使他们不能与原来郡县相联系，严重打击了豪强地主的势力。对于不法官员则一律加以严惩。当时的大司徒欧阳歙被检举出在上任之前庇护豪强地主隐瞒土地，光武帝立即将他逮捕入狱。即使当时他的众多门生和亲友都为他求情，光武帝也不为所动。后来光武帝又处死了在度田中贪污受贿的郡守、诸侯国相等十余人，来保证度田能够公平进行。度田最终保证了国家的财政收入，减轻了农民的负担，为发展农业生产创造了有利条件。

光武帝十分重视教育，恢复西汉时期独尊儒术的传统。他在洛阳修建太学，设立五经博士讲习诸经。为了表彰气节，他对王莽时期不肯出仕的官员和名士给予物质奖励，并表彰他们忠于汉室的气节。梁启超曾说"东汉尚气节，崇廉耻，风俗称最美，为儒学最盛时代"，正是光武帝为东汉儒学的发展打下了基础。

另外，光武帝还提倡节俭，善于用人，终于使得社会稳定，人民生活提高，出现了"牛马放牧，邑门不闭"的安定景象。人口从公元 57 年的 2100 万到公元 105 年已经增加到 5300 万，耕地数和国家的税收也不断增加。经过光武帝的"柔道"治国，终于实现了汉室的复兴，史称这段时间为"光武中兴"。

"强项令"董宣

东汉建立初期，地主豪强势力间的争斗刚刚平息，各地民不聊生，汉光武帝刘秀决心采取休养生息的政策，比如减轻赋税，释放奴婢等，尽快恢复国力。经过一段的发展，经济得到了恢复，民生状况大有改善。

从西汉的衰亡，到东汉的建国，光武帝深切地明白，打天下的时候需要武力，而治理天下的时候却需要法令了。可是，法令对于老百姓来说还算管用，如果碰上皇亲国戚，那就很难生效了。尤其是京都洛阳，是全国最难治理的地方。不管是皇亲国戚，还是达官贵人，时常纵容自家的子弟或者仆人做一些违法乱纪的行为，祸害百姓。

为了安定洛阳的社会秩序，朝廷方面换了一任又一任的洛阳令。可惜，没有一个人能够控制住局面。最后，光武帝没有办法，只好启用 69 岁的董宣做洛阳令。

俗话说：新官上任三把火。董宣刚刚到任，洛阳就发生了一件凶杀案。其实，这桩案件案情明了，就是犯人始终抓捕不到。原来，那犯人是光武帝姐姐湖阳公主的家奴，他躲进公主府始终不肯出来。由于湖阳公主，官吏们不敢贸然进府抓人。而湖阳公主本人，肆意包庇、纵容家奴，使得他们四处为非作歹。

有一天，湖阳公主外出，那个杀人的家奴也跟随着出来。很快，这一消息传到董宣那里。他立即派人守候在公主马车路过的地方。马车一到，董宣就上前拉住了马的缰绳，并用一把大刀在地上划出界限。接着，董宣站在那里，开始厉声数落公主的过错，并当众喝令那个家奴快快出列。

湖阳公主原本想要拿皇亲国戚的身份压制董宣。但是，眼前这位白发老头的气势，竟把她给镇住了。公主坐在马车上，目瞪口呆，一时半会儿不知道该怎么办。

这时候，董宣又义正词严地说道："王子犯法，与庶民同罪，更何况是公主的一个家奴呢？既然皇上要我担任洛阳令，那我就要为洛阳的百姓做主，决不让任何犯人逍遥法外！"

看到那个杀人的家奴一直没有站出来，董宣便一声令下。很快，身边的差役就在公主随行的人马中，将那个杀人的家奴拖了出来。为了防止再生意外，董宣立即命令差役，当场处决了那个家奴。

湖阳公主认为自己的颜面在大街上丢尽，于是便走进皇宫找光武帝告状。光武帝听了姐姐的一番哭诉，不禁勃然大怒，于是召见董宣，想要治他死罪。

董宣来到大殿上，对光武帝说："皇上，请允许老臣在临死前说一句话！"光武帝已经失去了耐性，喝问道："死到临头，你还有什么好说的？"

此时，董宣声泪俱下地说道："如果没有皇上，汉室哪里来的中兴局面。皇上教导臣等要用文教和法律来治理国家。然而，皇上的亲属身边人在京城内，肆意杀人，无恶不作，皇上不加管制，反而将依法办事的臣下置于死地，那么，这个国家还要什么法律啊！既然没有了法律，那么皇上还拿什么治理天下？汉室的中兴大业，将去往何处啊？臣下命贱，微不足道，何妨皇上亲自动手，请允许臣下自寻一死吧！"说着，董宣就一头撞向大殿的柱子。顿时，他的头和脸上满是血迹。

光武帝连忙命令周围的太监抓住董宣，让他磕头向公主认罪。然而，董宣并不屈服。那些太监便用强力往下压他的脖子。然而，董宣的两只手撑在地上，成卧虎的姿态，始终不肯低头。

看到这种情景，湖阳公主就愤愤地对光武帝说道："过去，你做百姓的时候，私藏罪犯，连官府也不敢把你怎么样。现在，你做了皇帝，难道你的权威还不如一个洛阳令吗？"

光武帝早就猜透了姐姐的心思，她那是要逼迫自己杀死董宣。但是，光武帝并不是一个昏君。在他眼里，董宣的刚正不阿，严于执法，已经深深打动了他。

面对姐姐的逼迫，光武帝笑着说道："以前是做百姓，现在是做皇帝，怎么会能一样呢！"接着，光武帝就命令董宣迅速退下。事后，光武帝非但没有继续为难董宣，反而敕封他为"强项令"，还赏赐给他三十万钱。

郅恽拒圣驾

　　董宣由于不惧公主，敢于执法，被称为"强项令"。然而当时有一个人比他更加胆儿大，为了严格执法，敢于拒绝"圣驾"，他就是郅恽。

　　光武帝刘秀建立东汉政权之后，郅恽被江夏郡守举荐为孝廉。后来他得到刘秀的封赏，当了一个看守洛阳城门的官吏。虽然只是一个低的没有品级的城门官，但是郅恽却是认真负责，一丝不苟。

　　在建武十三年（公元37年）的一天，刘秀出城到郊外去狩猎，由于玩得兴起，不知不觉间天就黑了。他命令车队返回洛阳城里，然而等车队往回走的时候，已经是"宵禁"时刻了，因而洛阳的12个城门已经全部关上了。

　　按照当时的法律规定，宵禁之后，洛阳城的城门是不能随便打开的，否则就是违法的行为。刘秀的车马队伍到达了上东门外面，一个侍卫对着城楼上大声喊："皇上驾到，速速打开城门。"可是，令人吃惊的一幕出现了，守门的小官吏郅恽假装没有听到，并且命令下属谁也不能开门。等了半天，刘秀见城门还没开，就叫侍卫命令郅恽从门缝里往外看看自己，其言外之意就是："看到皇帝驾到，还不赶紧地给朕开门。"郅恽早就知道是皇帝来了，但是偏偏就不开门。因为他知道，自己一旦开了门，就是触犯了国家的法律。别看郅恽执法的时候很倔强，其实他也很机智。他装作从门缝里看了看，之后说："天太黑了，我看不清楚。不管是谁要进城，按朝廷的规矩我不能轻易开门。"郅恽的这一招，可是把刘秀弄得一点儿脾气也没有。刘秀想："我不能强行郅恽开门，否则就是违背了我自己制定的法令。"无奈之下，刘秀只能命令车队改道而行。最终车队从东中门进了洛阳城。

到了第二天，郅恽向刘秀上书说："周文王是一个圣明的君主，他绝不会沉迷于打猎而将天下的百姓置之脑后不管。现在，陛下打猎游玩那么晚才回来，实在是不应该这样做啊！"

刘秀看了郅恽的奏章，心里十分感动，认为他句句中肯，很有道理。他深深意识到自己打猎夜归绝对不是什么小事情。想明白了这些，刘秀对不仅执法公正严明而且还时刻心忧天下的郅恽另眼相看了。他不但没有追究郅恽的以下犯上的罪名，反而还赏赐了郅恽100匹绢。这件事之后，郅恽执法严格的精神受到当时人的盛赞。

单车就路

"单车就路"是一个成语，出自于《后汉书·孔奋传》："陇蜀即平，河西守令，咸被征召，财货连毂，弥竟川泽，唯奋无资，单车就路。"简单说来就是，东汉官员孔奋离任之时，只驾驶着一辆没有装载任何财物的车上路。由此我们可以想见，孔奋是一个多么清廉的官员。

孔奋字君鱼，是扶风郡茂陵人，在王莽之乱的时候，和家人一起逃到了河西地区。后来叛乱虽然被平息下去，但是天下的大部分地区还不稳定。当时，孔奋由河西大将军窦融推荐，暂时当上了议曹掾，负责管理姑臧；没过几年，又被封为关内侯。河西地区不但相对稳定，而且其管理的姑臧是资源最为丰富的地方，同时也是汉族与羌胡等少数民族相互通商的地方。因而这里商业十分繁荣。一些商人为了自己的利益，就向当地官员行贿；曾经在这里的官员，将贿赂收进囊中，在短期内就积累了不少的钱财。然而孔奋在此任职四年，没有贪污一丝一毫，除了自己的俸禄之外，没有别的收入。此外，他还为其他人做出榜样，和自己的家人一起吃着十分平常的饭菜。在那个年代，很多士大夫为了利益而丧失节操，但是孔奋却一直清廉自守，因此受到其他人的挖苦。

然而当地的太守梁统却是十分赞赏孔奋的节操，以很高的礼节来对待他。每当孔奋去太守家，太守就会亲自出门迎接他。

陇蜀地区稳定下来之后，河西地区的官员们接到皇帝的诏令，要进京"面圣"。在临走之时，几乎所有的官员都配置了许多车辆，车上装载着大量的财物。相比之下，孔奋却是只有一辆车随行，并且车上没有装载任何财物。看到这个情景，当地的官吏、百姓以及那些少数民族的人商量着说："孔大人不拿我们的一丝一毫，当真是清廉如水啊；而且在他的治理下，我们能够安居乐业，实在是我们的幸运。如今他就要走了，我们是不是该报答他的恩泽呢？"大家都纷纷表示同意，并且很快地拼凑了一些牛马和物品，要送给孔奋。人们赶了好远的路终于追上了孔奋，说明了来意；但是孔奋只是将大家的好意记在了心里，没有带走一样东西。到了京城之后，皇帝召见了孔奋，大力赞赏了他的品行，并且提拔他为武都郡丞、武都太守。

在当太守之前，孔奋就已经被百姓熟知，受到百姓的拥戴和敬仰。当上了太守之后，他更加坚守自己的节操，努力做出了优秀的政绩。当地的官吏和百姓深受他的影响，都以他为榜样，纷纷学习他的节操。孔奋不但为政清廉而且公平，看到有高尚品德的人，就会将他当做自己的亲人一样，并且会表彰他；要是遇到品行不好的人，就会将他当成仇人一样，并且还会惩罚他。

虞延斩社鼠

东汉时期，陈留郡东昏有个奇人，身长八尺六寸，腰宽十围，力气很大，很小的时候就能扛起大鼎。少年时代，由于才干突出，他被任命为当地亭长。

光武帝建国初，他在执金吾府中担任细阳令。每次逢年过节，他都会让犯人休假，允许他们各自回家。对于他的这种做法，犯人们自然感恩戴德，每次都能按时返回监狱。

有一次，有个犯人在家中生了重病，可还是忍受着病痛的折磨，坐着车回到了监狱。等一回到狱中，这个犯人就病死了。事后，他带领手下的官吏，将那个犯人的尸体埋葬在监狱的门外。由此，他的事迹和做法当时几乎无人不知，百姓们对他十分爱戴和感激。

这位被老百姓称颂为通情达理、爱民如子的父母官，就是虞延。

建武二十四年，虞延被光武帝任命为洛阳县令。一到洛阳，虞延就因为抓捕位高权重的外戚门客而震惊朝野。

事情是这样的：光武帝皇后阴丽华之弟、信阳侯阴就家中有个叫马成的门客。依仗阴就是当朝皇后亲弟弟，马成向来横行霸道，奸淫掳掠，无恶不作。当地的老百姓虽然对他恨得咬牙切齿，但却只敢背地里发怒而不敢当面指责。

曾经有些地方官吏，接到过老百姓的报案，但是由于马成与阴氏的特殊关系，最终都不了了之。于是，时间一长，马成便成为洛阳城中胆大妄为且又逍遥法外的恶徒。

虞延到洛阳任职的事情，马成也知道了。但是，向来张扬跋扈的马成，完全没有将这个新任的京官放在眼里。

虞延一上任，接到老百姓的报案后，立刻就把马成抓捕归案，并进行了严厉的审讯。

马成自以为有信阳侯为靠山，在接受虞延审讯的过程中，态度极为蛮横张狂。为了挫败马成的嚣张气焰，虞延对他动用了严刑。

马成被抓的消息，很快传到了信阳侯那里。阴就连忙写了一封书函，派人送到虞延府上，意思是让他手下留情，饶恕了马成。然而，虞延并不理会阴氏的请求，继续拷打马成追问案情。阴氏见事情不成，便一面派人继续送信函给虞延，一面找光武帝告状，说虞延处事不公，乱抓良民，企图污蔑虞延。

为了能让马成认罪伏法，以及制止信阳侯的一再干扰，虞延每次收到阴家的一封书函，都当面告诉马成，并因此加重对马成的量刑，多打两百板子。

在虞延看来，马成就是《晏子春秋》所说的那种依附在国君周围，或者受到权势庇护，而成为人们无可奈何的国家与地方的公害。这样的人，如果一天不除，势必扰乱整个社会秩序的安定。因此，他痛下决心，一定要为民主持公道，依法除害。

与此同时，听了小舅子的进言，光武帝对虞延办案也产生了怀疑。于是，光武帝决定到洛阳县衙，亲自提审关押的犯人。

到了那一天，虞延让所有的犯人都站在公堂上。当着光武帝的面儿，虞延叫犯人们分成两排。犯罪事实已经清楚，并且可以定罪的犯人，站在东边一行；犯罪事实至今没有交待清楚，还需要继续审理的犯人，站在西边一行。

马成混杂在犯人中间，原本他应该往西边站的，他偏往东边站。这时候，虞延走上前来，一把将他抓住，并大声呵斥道："你这条危害人间的大毒虫，一直以来依仗自己的靠山，目无国法，胡作非为，现在你的事情还没有交待清楚，怎么能往东边站呢？"

马成见状，便假装冤屈，不时地冲堂上的光武帝喊叫："皇上，我冤枉啊，我冤枉啊！"这时候，站在两旁的士兵在信阳侯的唆使下，拿着刀戟对着虞延，命令他放开马成。

对于虞延的为人处世，光武帝多少是有些了解的。他知道虞延为人光明磊落，执法公允，是不会公然混淆是非的。再加上对现场的观察，光武帝已经基本上看清了事情的端倪。于是，他喝令两边的士兵退下，并对马成说道："国法昭昭，岂能容你随意践踏。如果你真的犯法了，理应受到惩罚，还不快赶紧退下！"说完，马成被旁边的差役拉到了西边。几天之后，根据确凿的证据和相关的法令，虞延判处马成死刑，并当众斩首。

就这样，平日里依仗自己是皇亲国戚的外戚和豪强贵族们，面对执法不阿的虞延，再也不敢以身试法，胡作非为了。

袁安断狱公平

　　古代有很多官员遇到冤案之时，为了公正执法而不惜触犯龙颜。东汉的袁安就是这样的一个人。

　　在建武初年，袁安入了仕途，当了成武县的功曹。有一回，袁安拿着檄文到州里去办事。办完事情之后，有人想要袁安带一封信回去给成武县令，但是袁安说："你要是办公事的话，那么这封信就应该由邮驿去帮你送过去；即使你办的是私事，也不应该由我这个功曹去办。"于是袁安拒绝了那个委托人。后来，袁安先后做了阴平县长和任城县令。他每到一个地方，都能得到当地官吏和百姓的敬畏、爱戴。

　　袁安身上有一种敢于承担责任的精神和认真求实的办案态度。他不怕自己受到牵连，尽自己最大努力保证那些无辜的人不受伤害。

　　永平十三年，楚王刘英阴谋叛乱。朝廷非常重视这件事情，将这个谋反的大案交给了司法部门审理。司法三府一致认为袁安处理复杂案件是得心应手，并且井井有条，于是就一致向皇帝推荐了袁安。皇帝采纳了他们的意见，任命袁安为楚郡太守。等到袁安上任的时候，因为刘英被牵扯到这个案子中来的人多达上千，他们都被逮捕关进了大牢。而那些负责案件的官员，为了早点结束这个案子，就采用严刑峻法逼供。结果很多人受不了大刑就妥协了，都被判处了死刑。

袁安来到了郡里，没有去衙门休息，而是直接朝着监狱去了。在狱中，他审理了一些犯人，认为他们是冤枉的，就准备联合府丞、掾史向皇帝上奏，希望皇帝能将他们释放。然而府丞、掾史都不同意，并且就此事和袁安争执了半天。他们认为袁安的这种行为是在偏袒那些谋反的人，是犯罪行为。可是袁安说："如果我的建议不符合实情，一切后果由我自己一个人承担，绝对不会连累你们。"之后，袁安写了一份奏折，将事情的来龙去脉详细地阐述了一遍。皇帝收到了他的奏章并且认真地阅览，之后又做了批示同意袁安的做法。皇帝命令下来之后，有四百多人被释放出狱了。

一年以后，袁安因为功绩大，被皇帝任命为河南尹。他在任之时，还是清廉严明、断狱公平。他常常对周围的人说："只要是当官的人，都希望自己能做到丞相这个高位；最起码也想当一个州牧或郡的太守。在开明的君主统治下，我不能为了一己之私而使那些人才不能得到重用。这是我不能做的事情。"听到这话的人，都很佩服袁安，并且以袁安为榜样。

寒朗冒死伸冤

冤案的产生在于执法者执法不公和失职。替人伸冤则是维护法律尊严，也是用法律保护百姓利益不受侵犯的体现。在封建社会，官员为罪犯伸冤是需要冒着很大风险的，轻则罢官免职，重则会失去生命。可是即使有这样的后果，一些正直的、为维护法律公正性的人在关键时候总是能够站出来。东汉时期的寒朗就是一个这样的官员。

汉明帝永平年间，寒朗暂时代理侍御史的职位，与三府属官一同审理楚地颜忠、王平诉讼的案件。在审讯期间，那两个人供出了当朝的一些权贵人物：隧乡侯耿建、朗陵侯臧信、护泽侯邓鲤和曲成侯刘建，这些人都是帮光武帝打天下立过大功、鼎鼎有名的"云台二十八将"后代。审讯完毕之后，寒朗等人将这件事情上报给了朝廷。明帝看到供词中有耿建等人，心里很不高兴，于是就下令让他们入宫，看看他们到底有何解释。耿建几人见到了明帝，都一口咬定自己和颜忠、王平根本没有半点关系。可是皇帝认为他们是在狡辩，直接将他们打入了大牢。群臣们也是看皇帝脸色行事，都不敢站出来替耿建等人说话，生怕自己会受牵连。

侍御史寒朗知道耿建等人是被冤枉的，就想查明案情替他们伸冤。寒朗独自一个人来到了监牢审讯颜忠和王平。寒朗问他们："耿建那些人的模样，你们能描述出来吗？"这两个人听到这个问题，心里很慌张，因为他们根本就没见过耿建等人。聪明的寒朗立刻就明白了，颜忠、王平二人的供词一定有问题。于是寒朗向明帝上书，说："耿建几个人为国家立了功，他们都不是做坏事的人。这只是颜忠和王平在诬告他们罢了。不仅如此，我怀疑很多无辜被冤枉的人也是因为别人的诬告。恳请陛下明察。"

之后寒朗被皇帝召进宫里。皇帝当面问他："即使耿建他们几个人如你所说的那样，但是颜忠和王平为什么要将他们牵扯进去呢？"寒朗答道："颜忠和王平知道自己的必死无疑，就随便供出了几个人，为了争取宽大处理。"皇帝又说："就算是这样，他们四个人没有犯罪。可是你为什么现在才说，以至于现在都没有结案，他们还被关在大牢里呢？"寒朗回答说："我审理他们这个案子的时候，没有找到他们犯罪的证据，但是也不能确认他们是否无罪，所以直到现在才向陛下奏明。"皇帝听了很是生气，说："你的立场很不坚定，应该打入大牢。"就在左右将他拿下的时候，寒朗不卑不亢地说："我知道这件事情处理不好的话，就有被灭族的危险。所以为了不牵扯到更多无辜的人，我就冒死向陛下说实话，希望陛下能听得进去。我发现那些审理案子的官员都说这个案子跟平常的案件不同，是一起重大的事故。大臣和陛下都痛恨这样的事情，因此他们办理这种案子的时候，都会用严刑。这样可以摆脱他们包庇的罪名。在严刑逼供之下，审查一个人，他就供出十个人；审查十个人就牵扯到一百个人。我还发现，大臣们在上朝的时候，陛下问他们关于楚王（名刘英，明帝之弟）谋反的案子处理得是否恰当呢？他们都说处理的很好。原有的法律规定，谋反的罪名是株连九族的大罪。现在陛下您大恩大德，只是处罚犯罪者本人，天下都非常赞同陛下的这种做法。然而，大臣们散朝回家之后，嘴里不说但是心里还是明白很多受到牵连的人是冤枉的。他们由于不敢触犯龙颜，所以都会顺应陛下您的意思。我说的都是实话，即使今天您将我杀了，我也不后悔。"

皇帝听了他的一番话，思考良久觉得有道理，于是就放寒朗回去了。两天之后，皇帝摆驾洛阳监狱，亲自审查那些犯人。结果有一千多人被证明是无辜受到牵连的。汉明帝下令将这些人全部释放。

皇帝片面地强调打击犯罪和片面地追求执法效率，忽视了执法应该要公正和文明。如果只凭皇帝自己喜怒哀乐而判定案子的话，那么冤案很容易就会产生。而寒朗为无辜的人伸冤，体现了他的执法公正严谨的特点；同时他也认识到每个人也都是受法律保护的，不能用国家法律冤枉他们。

陈宠持法为轻

　　陈宠，东汉前期人，主张"持法为轻"。他的这种法律思想的形成是受了祖辈影响的缘故。他的曾祖父不但精通法律，而且告诫子孙："持法应该以轻为原则。即使有百金之利，也不能和他人比谁判刑重。"陈宠继承了祖辈的意志，处理案件都本着从宽发落的原则。

　　陈宠在年轻的时候是一个州郡的小官，分在司徒鲍昱的手下任职。那时候，三府里辅佐治理的官吏们都喜欢一起出去游玩。而对自己职责范围内的事情，都不认真去做，而且这还渐渐地成为了一种风气。陈宠虽然官小，但是却认为他们的这种做法是错误的。陈宠常常在他们出去玩的时候，自己一个人专心地处理自己职权范围内的事情。不仅如此，他还多次将这种处理政务的态度的弊端上报给了鲍昱。鲍昱不但称赞他工作态度认真，还认为他提出了实质性的问题。于是就提升陈宠当了辞曹，掌管刑狱和诉讼。凡是陈宠评定审判的案件，都会让人心服口服。之后，鲍昱让他代为撰写了《辞讼比》、《决事都目》，并且上报给了朝廷。皇帝看了之后，认为非常好，就立即批准颁布施行，要求官府办案就以此为法律依据。

　　陈宠因受到皇帝的赏识，被任命为尚书。他发现当时的法律条文不但繁琐而且苛刻，官员做到公正执法十分不容易。对此，他向汉章帝上书："陛下应该下令废除那些繁琐的苛刻的法令。那样的话，老百姓才会更加信服。"章帝听了他的建议，认为很有必要，于是就采纳了。通过他的努力，皇帝还下令废除了一些不合理的禁令和苛刻的法律条文，并且要求司法部门不能再用严酷的刑法逼供。除此之外，章帝又下令将五十多条苛刻的罪名废除了。最终，汉律中四千多项罪名精简到了三千项。

和帝即位后，窦宪执掌朝中大权。窦宪建议窦太后让陈宠主持章帝典丧之事。他想要从中抓住陈宠的错误，并以此陷害陈宠。然而在窦宪的弟弟窦环的帮助下，陈宠保全了性命。之后陈宠被贬到地方，做了太山郡太守、广汉郡太守。

来到了地方上当官，陈宠仍然秉公执法，依法整顿当地的不良风气。当时州郡的豪强大肆兼并土地，官吏又都奸猾贪婪，因而州郡每天都会收到很多诉讼案件。为了提高工作效率，陈宠提拔了一些业务能力极强的助手。在他们的共同努力下，州郡的诉讼事件大量减少，州郡也太平起来。后来窦氏一族被诛灭，陈宠又回到朝廷当官，被任命为廷尉。陈宠出于仁爱之心，经常亲审疑难案件，向皇帝上报的时候都是引经据典，以宽恕为出发点。他的建议总是能被皇帝采纳并且实施，因此很多人虽然犯了法，但是都能得到从轻发落。

陈宠时期的法制建设和东汉光武帝、汉明帝时期相比有了重大的进步。光武帝、汉明帝想要通过司法的力量加强自己皇权的统治，因而他们都建立了严密的法律制度，并且是有违必究。汉章帝在陈宠的建议下则是大力推行司法改革，宣布禁止酷刑，废除残忍的罪名，强调国家一定要采取宽大的政策。相比之下，后者会更加有利于人民安定，社会文明。

王涣的治县之道

　　王涣是东汉的官员，他的父亲王顺曾做过安定郡太守。王涣年少时喜欢行侠仗义，还和抢劫的人交往过。随着年纪逐渐变大，他对儒家思想产生了极大兴趣，于是潜心钻研学问，以博闻强识和深明大义著称。

　　他后来做了广汉郡太守陈宠的功曹，在职期间忠于职守，埋头苦干。处理大户人家也不手软。在他兢兢业业的辅助下，陈宠的政绩突飞猛进，被调入朝廷做了大司马。有一次汉和帝问陈宠："你的政绩为什么这么好？"陈宠也不隐瞒，回答说："臣的功曹王涣是个贤能的人，擅长处理事务。臣只是把他的想法变成行动而已。"

　　在陈宠的推举下，王涣出任温县县令。王涣在职期间，对社会治安的混乱局面进行了大刀阔斧的处理，严厉打击惩处了一大批地痞恶霸。使原本动乱不安的温县，很快变成当时最平安的地区，可以说王涣居功至伟。温县有个放牛的人，说自己是给王涣干活，就不会受到别人的欺负。由于政绩突出，王涣被提拔为兖州刺史，此时，王涣的名气已经在官场里流传。和帝与王涣接触后，很欣赏王涣的治世才能，于是指派王涣为洛阳令。

　　洛阳因为是东汉的都城，达官显贵云集于此。处理他们的违法行为，之前的地方官常常感到棘手。王涣上任之初，便遇到前任遗留下来的无数难题。可不畏权贵的王涣没有被难住，他从容应对，坚持秉公办案。他采取恩威并施的方法，对所有的问题都耐心地逐一审理。由于有个别案件积怨太深，多年积累成为陈案，王涣也能追根溯源地捋清头绪并不偏不倚地处理。

王涣在任期间从不随意征税，再加上过于操劳，在洛阳令的职位上任职不足三年就因病过早地离开了人世。朝野上下无不为王涣的英年早逝惋惜。民间百姓听说后没有人不唉声叹气，他们自发组织起来，他们凑钱摆设祭桌，祭奠王涣。当王涣的遗体送回故乡途经弘农郡一带时，当地百姓也同洛阳的老百姓一样，在路旁祭奠王涣。当地地方官心里纳闷自己辖区的百姓为什么要祭奠一位外地的官员，老百姓回答说："这是为了报答王县令的恩德。"过去他们到洛阳购买粮食时，经常遇上洛阳官吏检查，每遇到这种情况，一半的粮食会被没收。而王涣为官的几年里，没收粮食的事情从来没有发生。洛阳的老百姓为了怀念王涣的德政，还在安阳亭西为他建立了一座祠堂，在道路两旁摆设放祭品的桌案。不仅如此，百姓每到吃饭之前他们总是要念叨几句以告慰王涣之灵。

汉安帝永初二年，掌朝的邓太后，下诏书称赞王涣："尽心奉公，务在惠民……百姓追思，为之立祠，自非忠爱之至，孰能若斯者乎？"后来，汉桓帝因为推崇黄老之道，把各地的祠堂都破坏了，最后只留下了两座祠堂，其中就有王涣的祠堂。可见统治者对王涣才能的褒扬和对他过早辞世的惋惜。

苏章弹劾故交

　　自古以来，政治中的吏治腐败问题就一直存在。为此，有许多执法者反腐倡廉，主张用法律来主持正义。他们往往会遇到这样一种情况，个人私交和法律公正会产生矛盾。有的执法者为了私情而践踏法律；有的执法者能够秉持法律的公义，完全不顾个人的私情。汉朝的苏章就是如同后者一样的执法者。他为官清正，执法的时候能做到公私分明，因而深受百姓的爱戴。

　　顺帝年间，苏章被朝廷任命为冀州刺史。到了任上，苏章认真履行自己的职责，工作起来是一丝不苟。可是没多长时间，他接到举报说，清河郡太守欺压百姓、残害无辜、贪赃枉法。苏章想要立刻将他查办，但是看到名字的时候，发现是和自己的一个故人同名的人。为了弄清楚事情的真相，也为了证实一下这个太守是不是自己的故人，他就决定要亲自去查探。经过一番查探，他确定清河太守犯法是事实，并且证实这个太守正是他的那个故人。

　　清河太守得到了苏章成为冀州刺史的消息，也确定他就是自己的故人，因而心里很高兴。他想："现在苏章成了我的上级，我就不用担心什么了。"抱着这样的心理，太守邀请苏章一起吃饭，说是要叙叙旧。在酒席上，清河太守和苏章都谈论着他们小时候的有趣的事情和友情。酒过三巡之后，清河太守试探着对苏章说："你能来冀州当刺史真是我的荣幸啊。你作为我的上司，就是我的'保护伞'了。我的事情还请你多多关照才对。"其言外之意就是指望苏章能念及旧情，放他一马。

然而苏章却是一脸严肃地说："今天，我们在一起相聚喝酒，只是故人叙叙旧，就不要谈公事了。其他的事，以后再说吧。"清河太守听了苏章的话，心里有点儿纳闷。就在这个时候，苏章又说："我是冀州刺史，对于你的案子我不会姑息，一定会依法而行。这不是我不念当年的友情，更不是我执意要为难你。而是皇命难违，并且我也要遵循我执法的原则。"说完这些，苏章就打道回府了。到了第二天，苏章将清河太守的罪行详细地向朝廷汇报了，要求依法惩治他。朝廷同意了他的上奏。没多久，苏章亲自将清河太守革职查办了。

当地的百姓知道了这件事情，心里都很高兴。他们认为苏章是一个执法刚正无私的人，并且对他既尊敬又畏惧。后来，苏章被调到别的地方做刺史，因为得罪了当地的权贵，违背了皇帝的旨意而被罢了官。之后，苏章就不再涉足官场。

庞参秉公杀子

　　庞参，东汉中期人，从小聪慧过人，青年时在乡里就有了一定的名声。后来庞参走向仕途，当了太尉，位列三公。虽然庞参位高权重，但是不以权谋私，即使他的亲人犯了法，也能做到秉公处理。

　　庞参当官之后，一直忙于政务，所以就疏忽了对儿子庞长的管教。庞长非但不以父亲为学习的榜样，反而成了一个纨绔子弟。平日里，庞长仗着父亲的威望为非作歹，鱼肉乡里。很多老百姓都受到庞长的迫害，但就是敢怒不敢言。

　　庞长十分喜欢打猎。有一回，他带着打猎的工具和一群家奴，去洛阳城外打猎去了。这一群人大喊大叫，骑着马任意横行。结果老百姓都纷纷闪避，辛辛苦苦种的庄稼则被马蹄践踏。当时有一个老人家正在放马，他的马受到庞长等人的惊吓跑了。老人家心里很不满，就抱怨了几句。然而庞长正好听到了老人家的话，觉得颜面扫地，就上前殴打。接着，庞长对那些家奴说："他扫了我打猎的兴致，给我往死里打。"老人家经不住一群人的殴打，最终断了气。

　　老百姓本来就十分痛恨庞长，这回他又打死了人，更是愤怒。于是，一群百姓联合写了诉讼状，告发庞长等人。洛阳县令看到状纸，十分惊讶。杀人凶手的父亲位高权重，县令心里不由得打起了退堂鼓。无奈之下，县令只能将这个案子上报给了河南尹。

河南尹也知道杀人凶手庞长的背景，因而对这件事情很慎重。在大堂上，庞长十分嚣张，对杀死那个老人之事供认不讳，并且还口出狂言："我父亲是太尉，你们谁敢动我。"河南尹取得了庞参的供词，但是还不敢做出决定，只能将庞长暂时收押。

后来，庞参来到此地视察。河南尹将这件事情向庞参做了汇报。庞参立即将卷宗拿过来看，证实凶手正是自己的儿子，不由得心里一阵抽动。河南尹问道："凶手说和大人您是父子关系，不知是不是这么回事儿？"庞参沉默了很长时间，之后说："虽然我们都姓庞，但是我不认识他。他的家乡是伊滨庄，而我不是这个地方的人。你们不要相信他的话，该怎么判就怎么判吧。"河南尹又问："大人是何方人士？"庞参想了想说："我是庞村人。"

由于人证物证都齐全，庞长最终被河南尹判处了死刑。接着河南尹将卷宗呈给庞参看，并请他批准。庞参忍受着巨大的痛苦，认真看了一遍卷宗后，批准立即执行。河南尹接到庞参的批复后，立即传令将凶手压到刑场斩首。

庞参听到儿子被斩的消息后，昏了过去。醒来之后对河南尹说："我教子无方，实在不是一个好父亲。你能秉公断定此案，维护了国家法典的威严，让人敬佩啊。"河南尹说："大人能够做到执法不避至亲，才更是难能可贵啊。"

后来，百姓为了纪念庞参能够大义灭亲，就将"伊滨庄"改名为"庞村"。

虞诩斗贪官

历史上有这样一些官员在获得权利之后，会不顾国家和百姓的利益，以权谋私。针对这种贪官污吏，有些正直的官员会不顾自身的安危，与之斗争到底。虞诩就是这样一个清正廉洁的官员。

东汉顺帝即位后，内忧外患不断。洛阳等地爆发了各种自然灾害，西方羌族人掀起武装起义。为了将起义镇压下去，汉顺帝调遣十多万大军前去镇压，直到十多年后才平息下去。对羌族的战争导致统治阶级内部的斗争尖锐起来，中央和地方官员贪污腐败等行为屡屡出现。

为了整顿吏治，汉顺帝任命虞诩为司隶校尉，负责考察京城及附近的官员，纠正那些官员的不法行为。

虞诩字升卿，在此之前先后担任朝歌（今河南省汤阴西南）长、怀县县令、武都太守等职，以执政清廉而闻名。

虞诩到任之后，立即对各级官员进行考察，他查出太傅冯石，太尉刘熹，大宦官程璜、李闰、孟生、陈秉等人都有贪污受贿等不法行为，便写奏折进行弹劾。这件事轰动了整个朝廷，很多官员认为他过于苛刻，便对他恨之入骨。

冯石等贪官污吏担心汉顺帝会依法查办他们，就指使司空陶敦等官员陷害虞诩，要将虞诩置于死地。虞诩得知陶敦等人写奏折陷害自己后，同样给汉顺帝写了一封奏折，明确指出，他所查出的贪污受贿案件都是真实存在的，那些与此相关的官员相互勾结，关系复杂。他还指出，那些官员害怕被他举报，所以故意捏造事实，企图陷害他。在奏折的最后，他义正词严地写道："我早就把生死置之度外了，如果皇上不查办那些人，那么我就会像春秋时期卫国大夫史鱼那样，以死来劝谏。"

汉顺帝知道虞诩是一个忠贞的大臣，所以并没有听信小人的谗言，加罪于他。为了安抚他，汉顺帝还罢免了陶敦的官职。

后来，虞诩查出宦官中常侍张防因为受宠而弄权玩法，收受大量贿赂。他并没有因为张防是汉顺帝身边的大红人而纵容，而是写奏折对其进行弹劾。他的奏折被上司压下，没有得到批复。虞诩并没有因此而放弃，他继续写奏折弹劾张防。屡次上奏无果后，他异常气愤，就命人把自己绑起来，之后投入廷尉的监狱。他给汉顺帝上书称："以前安帝任用樊丰，导致朝廷上下一片混乱，社稷险些灭亡。如此张防又在仗势弄权，为非作歹，如果不及时制止他，恐怕灾祸又将来临。我不愿意与这种小人同朝为官，所以自己把自己囚禁在廷尉的监狱里，以免像杨震那样，被小人陷害而死。"

汉顺帝看过奏折后，并没有被虞诩的忠肝义胆所打动，将张防绳之以法，反而听信张防的谗言，下令将虞诩送到左校官署关押起来。

张防知道，让虞诩多活一天，自己就多一分危险。因此，他打算将虞诩置之死地，以绝后患。两天之中，他派人严刑拷打虞诩多达四次，将虞诩折磨得只剩下半口气。狱卒看到虞诩生不如死，就劝虞诩自杀。虞诩说："我要是自杀了，岂不正遂了张防小那奸佞小人的心愿。就算是死，我也要在集市上被斩首，好让附近的人都知道真相。"

浮阳侯孙程和祝阿侯张贤本是宦官，后因拥立汉顺帝即位而受封。他们知道虞诩是一个正直不阿的官员，就求见汉顺帝为虞诩求情。

孙程说："陛下以前当太子时，知道奸佞小人会使国家灭亡，所以对这种人恨之入骨。如今您登基为帝，却重用这种人，您为什么要这样做呢？司隶校尉虞诩忠君爱国，尽职尽责，却被关押在监狱里；常侍张防贪赃枉法，陷害忠良，反而安然无恙，这实在让人无法理解。我恳请陛下立即释放虞诩，让他官复原职，把张防关进监狱，严加审问。"

看到张防正站在汉顺帝身后，孙程大声呵斥道："奸臣张防，你还有脸站在大殿上啊？还不赶紧下来！"张防吓得魂不附体，赶紧下殿向东厢跑去。

孙程又对汉顺帝说："陛下应该立即下令逮捕张防，不要让他向继续逍遥法外。"

汉顺帝十分宠爱张防，所以并没有立即下令。他让尚书贾朗发表看法。贾朗与张防关系密切，自然偏袒张防。他找出很多理由，证明虞诩有罪。顺帝一时之间不知道该如何处理此事。

不久后，虞诩的儿子和学生，在路上拦住中常侍高梵的车，哭着陈述虞诩的冤情。高梵被打动，便求见汉顺帝，为虞诩求情。汉顺帝立即下令释放虞诩，将张防发配到边疆，又处置了贾朗等六名与张防勾结的奸臣。

后来，孙程又上书陈述虞诩惩治贪官污吏对国家有功，汉顺帝便任命虞诩为议郎，又后提拔他为尚书仆射。

虞诩为官一生，始终都在与朝廷中的贪官污吏做斗争。虽然多次得罪权贵，导致被贬官或遭受刑罚，但他从来也没有后悔过。

要杜绝腐败，建立一支廉洁的执政队伍，必须要有人勇敢地站出来，不畏权贵，与贪官污吏斗争到底。在这方面，虞诩就做出了很好的表率。

飞扬跋扈的梁冀

梁冀是中国历史上十大奸臣之一，也是东汉的头号贪官。

梁冀的相貌十分丑陋，他的两只眼睛像豺狼一样露出凶光，双肩像鹰隼一样高高耸立。他依仗妹妹是顺帝皇后，位高权重。他自幼便过着奢侈的生活。他喜欢饮酒，爱美色，还经常赌博。他父亲梁统死后，接替父亲成为手握大权的大将军。

梁冀是一个野心勃勃的人。他身居高位，掌握朝政大权，朝廷的大小事情都得向他请示，由他决断。他在皇宫内安插了大量亲信，监视皇帝的一举一动。另外，他对官员的升迁也非常重视，凡是官员升迁，必须要先到他家里谢恩。

有一位叫吴树的官员被提升为宛县令，去向梁冀谢恩辞行。宛县地处南阳，是南阳最繁华富裕的地方，那里有梁冀的很多朋友和族人。梁冀要求吴树好好照顾那些人。吴树是一个非常正直的人，对梁冀独揽大权、结党营私的行为十分看不惯。他回答说："凡是干坏事的小人，都应该杀掉。大将军位高权重，掌握着朝政大权，还是皇后的哥哥，理应尊重有才能的人，从而使朝廷受益。宛县是一个大县，有很多有才能的人，但我从来也没有听说哪个有才能的人得到了任用，而徇私舞弊的小人却身居高位，这实在说不过去。

因此，我无法服从大将军的命令。"吴树到任之后，查出数十名梁冀的党羽作恶多端，就将他们处死了。梁冀得知此事后，气得火冒三丈，恨不得将吴树碎尸万段。后来，他找了一个借口，将吴树召入府中，用毒酒毒死。

对于不服从命令者，梁冀一概杀死，而对于那些给他送礼求官者，他一概应允。

梁冀拥有三万封户，富可敌国，他不停地修建宅院，供自己享乐。此外，他的私生活也非常荒淫放荡。他的妻子名叫孙寿，是一个非常妖媚的女人。孙寿的眼睛下面涂着一层鲜红的胭脂，她的眉毛非常细，而且是弯弯曲曲的，她的头发盘成结，放在脑袋一侧，她走路时，身体不断地摇摆，笑起来时，她脸上的肌肉不停地抽搐，而且露出满嘴泛黄的牙齿。用现代人的眼光来看，孙寿无疑是一个丑八怪，可是在东汉时，她或许算得上一个大美女。至少梁冀是这样认为的，身居显位、连皇帝都不放在眼里的梁冀怎么会宠爱、惧怕她呢？梁冀曾与一个叫友通期的美女私通，孙寿知道后，就派人把友通期抓起来，劈头盖脸地打了一顿。

梁冀做了二十多年大将军。在这段时间里，他把持朝政，随意任免、屠杀官员。梁氏家族先后有七人被封侯，有三人当上了皇后，有六人当上了贵人，有二十人被封为大将军，共有数十人被封为朝廷高官；因为不与他同流合污而被他杀死的官员不计其数。

公元 159 年，已经二十八岁的汉桓帝不愿意再做梁冀的傀儡，决定将其除掉。一次他趁别人不注意，把宦官唐衡拉到厕所里，问："朝廷里有哪些官员对梁家不满？"

唐衡答道："单超、徐璜、具瑗、左悺等人都对梁冀专权十分不满。"

汉桓帝便召左悺和单超入宫，对他们说："大将军梁冀家族把持朝政，控制着文武官员，我打算除掉梁家人，你们觉得我能够这样做吗？"

单超和左悺都表示愿意支持汉桓帝。于是，他们商定计谋，只等时机到来，便将梁冀除去。

不久后，汉桓帝的梁皇后死了，他见时机成熟，就派单超、左悺、唐衡、徐璜、具瑗等宦官带兵把梁冀的住宅围了起来，逼迫梁冀交出大将军印绶。梁冀知道自己难逃一死，便自杀而死。他的妻子孙寿也自杀了。

梁冀死后，汉桓帝派清点他的家产，之后进行拍卖，竟然卖钱三十多亿。这笔财富相当于当年全国税收的一半。

梁冀虽然显赫一时，但他专权作恶、结党营私、骄奢淫逸、贪污腐化，最终走向了灭亡。

陈蕃不畏强权

由于科举制度始于隋朝，之前历朝历代都是通过"举孝廉"的方式来选拔官吏。东汉末年，陈蕃二十出头时以举孝廉进入官场。陈蕃为官一向清廉。当时，李膺以威政著称于世，当李膺到青州考察官员政绩时，平日里作威作福鱼肉百姓的官员听到消息后都闻风丧胆，很多人甚至都弃官而逃，但陈蕃因为问心无愧，稳坐府内等待李膺的人来查。

陈蕃为官时，东汉政权已经处于内忧外患的夹击之下。当时的政府实权被宦官们一手控制。这些当权的宦官鱼肉百姓，无恶不作，而那些与他们沾亲带故的人也通过和宦官的关系鸡犬升天，在地方为非作歹。

在任何一个时代，都会有那些正直勇敢的人站出来与邪恶力量对抗。当时一个叫李云的官员就公开上书指出这些宦官的罪行，可昏庸的汉桓帝还是听信了宦官的谗言，打算对李云施以重刑。陈蕃则力挺李云。最终，李云还是被判处五马分尸，陈蕃也因为支持他而被免职。后来汉桓帝迫于舆论，重新启用陈蕃。正直的陈蕃并没有因为前面被免职的经历而退缩，他不厌其烦地向皇帝上奏折，把皇室骄奢淫逸的生活和社会最底层老百姓饥寒交迫的生活进行对比，他还希望皇帝能减少妃嫔和太监的数量。汉桓帝还不算无药可救，一次性就遣散了五百多个妃嫔和宫女，但因为宦官势力庞大，皇帝并没敢减少太监的数量。

还有一次，汉桓帝要外出狩猎。陈蕃对皇帝说："陛下，太平盛世，国君尚且有节制，现在我朝正处于内忧外患，国库空虚的危急时刻，很多老百姓已经生存困难。希望陛下能够体恤百姓，不要再把钱浪费在吃喝玩乐上。"可想而知，汉桓帝对陈蕃的话是左耳进右耳出，根本没有采纳。

随着宦官势力的越来越大，他们及其党羽也变得更加飞扬跋扈。但朝廷中的很多官员对于宦官的行为只是敢怒不敢言，但陈蕃却无所畏惧，公开上奏汉桓帝，让他削减宦官的势力。穷凶极恶的宦官们打算向陈蕃下手，但因为陈蕃的名望实在太大，就没有行动。在反对宦官的斗争中，陈蕃得到了广大太学生的敬重，他们把陈蕃和李膺、王畅二人并列，成为反对宦官的一面旗帜。

党锢之祸爆发时，整个社会处于恐怖之中，很多无辜的人都因为各种稀奇古怪的"罪名"而陷入牢狱之灾。李膺等人都已经被关入大牢。陈蕃就不断上奏皇帝，为李膺等人鸣冤。汉桓帝对陈蕃的不断谏言感到反感，就再次免了陈蕃的官。

汉桓帝驾崩后，窦太后重新起用旧臣。陈蕃被重新录用。后来陈蕃因为帮助汉灵帝登基有功，便被封为高阳乡侯，食邑三百户。但一向清廉的陈蕃却一口气写了十道奏章拒绝领赏，统治者只好作罢。陈蕃此时的权力已经达到巅峰，他就与外戚窦太后的父亲窦武一起，对东汉政权进行了一系列大刀阔斧的改革，妄图中兴东汉。但是他们在预谋诛灭宦官时却不幸走漏风声，结果被宦官们抢占先机。他们对汉灵帝谎称陈蕃和窦武要篡位，昏庸的汉灵帝于是便下令诛杀他们。可惜一代名臣陈蕃就这样死在了乱臣贼子的手里。

"天下楷模"李膺

东汉时期的李膺，嫉恶如仇，公正执法，被当时的太学生誉为"天下楷模"。

李膺，出身于名门望族，先后担任过青州、渔阳和蜀郡的太守。在任期间，他申明法令，恩威并举，所在的地区治安环境大好。公元159年，李膺调任河南尹。很快，由于惩治贪官污吏，李膺遭到诬陷，并落入牢中。后来，经过司隶校尉应奉上疏，李膺才得以解脱。之后没过几年，由于执法严谨，加之旁人的推荐，李膺被桓帝任命为司隶校尉，负责京师及其附近各郡县的司法事务。

李膺到任司隶校尉后不久，就遇到了一个棘手的问题。那时候，宦官张让的弟弟张朔，担任野王县县令。在任期间，张朔仗着哥哥在朝中的权势，残暴专横，无恶不作，甚至经常明目张胆地抓来一些孕妇，以杀死她们为乐事。

野王县的老百姓知道新上任的李膺为民做主，铁面无私，就将控告张朔的诉状递交上去。提前得到消息的张朔，久闻李膺的大名，早就闻风而逃了。

为了逃命，张朔选择京城洛阳他哥哥的家里落脚。在张让的家中，客厅上有一根大柱子。那柱子里面是空心的。张朔就躲藏在柱子里面。

经过一段时间的明察暗访，李膺最终确定了张朔的藏身之处，并带人包围了张让住的地方。来到大厅上，李膺让人把那根柱子劈开，活捉了张朔。

很快，在洛阳的监狱里，李膺对张朔严加审讯。由于证据确凿，事实清楚，张朔的案子快速了结。李膺判处张朔死刑，并立即执行。

张朔死后，张让便到汉桓帝面前状告李膺，说他没有经过皇帝的批准，就将张朔杀死，有越权藐视皇权之嫌。桓帝听了张让的话，觉得不无道理，便将李膺宣到大殿上训话。

当着张让的面，桓帝问李膺为什么不先禀奏而后斩人？这时候，李膺看到站立一旁的张让面露得意之色，其中的端倪已知晓了七八分。于是，李膺义正词严地对桓帝答道："过去孔子做鲁国的司寇时，上任七天就杀了少正卯。臣下今天已经到任十天，才杀掉张朔。臣下本以为会因为除害不利而有过，却从来没有想到会因为及时行动而受罚。现在，臣下知道死期已到，但请求皇上宽恕五天，让臣下杀光那些罪大恶极的人。这是臣下受死前最后的愿望。"

李膺的这番话，说得入情入理，同时也表露出他的一片赤胆忠心。桓帝一时语塞，竟不知如何应对，只好对着张让说道："这明明是你弟弟张朔的过错，与司隶校尉有什么关系呢？"

这件事情过后，朝野上下的大小宦官，再也不敢张扬跋扈地胡作非为了。有时候，到了规定休假日，宦官们也不敢踏出宫门一步。汉桓帝看到这种现象，感到很奇怪，就询问了他们其中一些人。那些宦官们一个个哭丧着脸答道："我们是害怕李司隶啊！"

"一钱太守"刘宠

清朝著名的文人宋克智曾写过这样一首诗："冷落东牟汉室亲，坚持清节作名臣，到今千有余年后，占得五乡第一人。"这首诗赞扬的是汉朝著名的清官刘宠。

刘宠是东汉牟平人，因"明经"被推举为孝廉，被朝廷封为济南郡东平陵县令。他为人节俭，关爱百姓，很快就赢得了东陵百姓的爱戴。后来，他因为政绩突出，受到朝廷提拔，先后担任豫章太守、会稽太守。会稽的山民非常朴实，一些白发苍苍的老人经常受到官吏的侵扰。刘宠到任后，减免百姓的苛捐杂税，惩治那些为非作歹的官吏，使得百姓安居乐业，不受侵扰。朝廷得知刘宠把会稽治理得井井有条后，就调他入朝做官。

刘宠准备出发去京师前，几位当地的老人来为他送行。那几位老人的头发已经完全变得苍白，走起路来摇摇晃晃。刘宠深受感动，忙不迭地表示感谢。老人们说："我们一直生活在山区，以前官员经常到我们那里去征收各种赋税，从白天到夜里一直吵闹，让我们不得安宁。可是，自从大人您上任之后，那些官吏就再也没有去骚扰过，我们又过上了平静的生活。现在我们虽然年纪很大了，但能够遇到大人您这样的官员，实在感到荣幸。听说大人就要抛下我们，去朝廷任职了，于是我们特地互相搀扶着，走了很远的路来为大人送行。"说着，他们每个人手里拿出一百文钱，非得要刘宠收下，以便在路上使用。

刘宠非常谦虚地说："我哪有各位说的那样厉害。我只不过是尽我的职责，做了我该做的事情罢了。你们的心意我领了，但是这钱我是万万不能收的，还请各位收回去吧！"

老人们非常希望刘宠能收下这些钱，所以不管刘宠怎么说，他们都不肯把钱收回去。刘宠知道，自己如果不收下这些钱，老人们是不会轻易离开的。于是，他从每个人手里拿出一文钱收下。老人们看到他收下了钱，就与他道别。看到老人们逐渐走远，刘宠把刚才收下的那几文钱扔进了河里。这件事传开后，人们纷纷称赞刘宠是一个清廉的官员，称他为"一钱太守"。

后来，刘宠进入京城，担任司空、将作大匠、司徒、太尉等职务。虽然做官多年，并多次担任要职，地位显赫，但他一向清廉，平时穿得非常朴素，从不接受别人的贿赂，家里没有多少积蓄。有一次，他离开京城，去外地办事，路过一个亭子，想进去休息一下。没想到，管理亭子的官员拦住了他，并对他说："您不能在这里休息。我们把这里收拾得干干净净，专门等待刘大人到来使用。"刘宠听到那个人的话后，什么也没说，转身就离开了。人们知道这件事后，便称刘宠为廉洁忠厚的长者。

汉灵帝建宁二年，刘宠因测算日食出现失误，被罢免了官职。他回到了家乡，后来因年迈生病而逝。

刘宠为官多年，一直清正廉洁，为百姓做好事，办实事，深受百姓的拥戴。

割发代首

曹操，三国时期著名的政治家、军事家和文学家。曹操带兵打仗，向来军纪严明，是一位严明的执法者，尤其可贵的一点是，他以身作则，带头遵守法纪。所以，他所带出来的军队，战斗力很强。

有一年，曹操奉旨讨伐张绣。一番调兵遣将之后，曹操就带领大队人马出发了。在行军途中，碰到了大片大片的麦地。那时候，麦子已经泛黄，眼看又是一个丰收年。可是，战事不断，兵荒马乱，老百姓逃命的逃命，躲藏的躲藏，哪里还顾得上收割啊！

看到这一幕，曹操不禁想起了打前一仗的艰苦状况。那阵子，他的军队极度缺粮，整个军心都不稳了，幸好攻下了城池，要不然后果真是难以想象。这时候，眼前的小麦，让曹操不由得担心，生怕士兵祸害百姓，践踏麦田。

于是，曹操向附近的乡村以及周围的官吏发布了一条军令如下：我奉天子的旨意，带兵讨伐奸贼，为地方百姓消除公害。这个时节，正是小麦成熟之时，发兵征讨也算是不得已而为之。军队中的士兵不得伤及百姓，更不能毁坏田地里的一禾一苗。凡是路过麦地，践踏麦子的，不管是什么理由，一律斩首，杀无赦。军法颁布后，任何人不得违犯。现在，社会上流行着一股谣言，村民们害怕，才逃离的家乡。收割的时节，一点儿也不能耽误。专门发布这条军令，为的就是澄清谣言，使周围的老百姓不再有疑虑，放心地回到村中收割麦子。

附近的村民们听到这个消息后，感到十分高兴，迅速回到村中准备收割。曹操的军队路过的乡镇，那里的村民便自发地跪伏在道路两旁，为他们送行。而那些将官和士兵，路过麦地的时候，无不小心翼翼。遇到有倒伏的麦子，有些官兵还要从马背上下来，亲手将麦子扶起来。总之，这一路上所过之处，没有一个人敢践踏麦地的。

这一天，曹操骑着马，领兵穿过一条窄窄的乡间小路。小路两边是金灿灿黄澄澄的麦田。望着一望无际麦田，曹操心里感到十分高兴。然而，正当他沉迷于四周的美景时，不想在小路一旁的草丛里"扑腾腾"地窜出几只野鸡。那几只野鸡正好从曹操的马头上飞过，将没有丝毫防备的马儿狠狠地吓了一跳。这一下，马儿嘶叫着狂奔起来。而坐在马背上的曹操，也随着马儿一起，跃入到了路旁的麦田。虽然曹操使劲地勒住了惊魂未定的马儿，但是身后的麦地还是被践踏了一大片。

看到眼前的情景，曹操急忙把执法官喊来，认真地对他说道："今天，我的马践踏了麦地，违犯了军令，请你按照军法处治吧！"

听到这话，执法官倒有些为难了。按照军令，谁要是践踏了麦田，那一定是要治死罪的。可是，曹操是军队的主帅，那条军令也是他制定的。那么，怎么可以能治他的罪呢？

于是，执法官对曹操说道："丞相，古人有云：刑不上大夫。像您这种情况，是没必要领罪的。"

曹操又说："法令如山。如果任何一个大夫或者大夫以上的高官都不受法令的约束，那么法令摆在那里，还有什么用处吗？再说，这践踏麦地要处死的军令是我下达的，如果我自己都不遵守，那怎么能让全军的将士去执行呢？"

执法官听完曹操的话，更加为难了。他接着说道："丞相的马是受到惊吓才冲入麦地的，并不是您的过错。所以，惩罚还是免了吧！"

"不行，军令就是军令，没有那么多理由，任何人都不能违犯。如果人人违犯了军令，都要找出一些理由免于治罪，那么军令岂不是形同虚设，如同一纸空文吗？既然人人都要遵守，我又怎么可以例外呢？"

执法官更加感到窘迫，迟疑了片刻，又说道："丞相是三军主帅，没有了主帅，谁来指挥打仗？再说，朝廷不能没有您，这天下的百姓也不能没有您呐！"

见到执法官这样说，众位将军士兵纷纷前来劝慰，希望曹操谨慎处理，三思而后行。

看到三军将士这般恳求，曹操站立着，想了一会儿说道："既然不能治我死罪，但是也不能逃脱惩罚。这样吧，身体发肤，受之父母，就割掉我的一缕头发，就代替我的首级吧！"

说完，曹操当众拔出宝剑，割下了一缕头发。

实事求是的满宠

满宠是三国时期魏国的大臣。十八岁那年，满宠在家乡的郡里当了一个监邮的小官。没过多长时间，被任命到高平任职，当了一个县的行政长官。后来，满宠在曹操手下办事，深受曹操的赏识，先后当了许昌令、河南上蔡西南太守、豫州刺史、代都督扬州诸军事、征东大将军等职。一生之中，他曾四次被封侯，还曾一度做到了太尉的职位。在当官生涯中，他执法严谨打击了豪强势力，受到统治者的称赞。

建安元年，即公元196年，满宠被曹操任命为许昌令。当时，曹操采用下属的建议"挟天子以令诸侯"，将汉献帝弄到了许昌。因而可以说许昌算得上是一个新的都城。满宠当上了许昌令，自然责任是十分重大。在上任期间，满宠办理了一个案子，显示出了他执法严谨的精神。

曹操有一个叔伯兄弟叫曹洪，跟随曹操东征西讨，立下了汗马功劳。曹洪的一个宾客在许县境内经常是目无法纪，作奸犯科。满宠知道以后，依法将这个宾客缉拿关进了大牢。曹洪得到了满宠关押他宾客的消息，就给他写了一封信，主要内容就是要满宠放人了事。曹洪仗着自己是曹操的堂兄弟，暗想自己的话应该还是很管用的，满宠应该会放人。然而事情还是出乎了他的意料，满宠就是不放那个宾客。曹洪一看自己的面子不好用，就想要去找曹操出面解决。他找到曹操请求曹操命令满宠释放那个宾客。一时间，曹操也是觉得事情难办，但最终还是答应了要帮忙。满宠得知曹洪去向曹操求助，心想："曹洪必定会要求曹操对这个犯人宽大处理。等到主公的命令下来，我可就难办了。"于是为了维护法纪，满宠抢先一步将这个宾客杀了，紧接着向曹操报告了这件事情。本来曹操也不喜欢那个宾客违法，只是看曹洪的面子才答应帮忙的。现在可好，满宠已经将人杀了。曹操觉得问题解决了，心里十分高兴，就劝了曹洪几句，让他回去了。事后，曹操称赞满宠对这件事情处理得非常好，还对众人说："官员就应该这样执法，才能公正。"

毛玠选官

　　毛玠是东汉末期陈留平丘（今河南封丘县东）人。他年轻时做过县吏，因为人公正、清廉、节俭受到人们的称赞。

　　汉献帝中平四年，时任兖州牧的曹操招贤纳士，毛玠因为美好的名声而被征召为治中从事。曹操询问毛玠如何才能成就霸业，毛玠答道："现在天下四分五裂，天子不在国都，灾荒不断，百姓不事生产，逃难到其他地方；国库空虚，连一年的粮食储备都没有，老百姓都迫于生存的压力，头脑中没有安居乐业的想法，这样的局面不会一直持续下去。现在刘表和袁绍，虽然兵强马壮，但是他们没有建立霸业的长远打算。您应当'挟天子以令诸侯'，发展农业生产，储备军用物资，这样做就一定能够成就霸业。"曹操觉得他的建议非常好，就采纳了，另外还提升他做幕府功曹。

　　此后，毛玠追随曹操四处征战。他为曹操提供了很多计策，帮助曹操取得了多场战役的胜利。在个人生活方面，他一直吃清淡的食物，穿粗布制成的衣服；获得曹操的赏赐后，全部拿出来用于救济贫困的族人，自己毫不保留。

　　曹操非常器重他，对他清正廉洁的品德也非常欣赏。曹操将柳城平定后，获得了大量财物。为了表彰毛玠，曹操特意赐给他一件素面桌椅和一幅素屏风，并称赞他说："这些都是简朴的古人日常所用的器具，我之所以把它们给你，是因为你就像古代君子那样廉洁奉公、生活俭朴。"

曹操挟天子以令诸侯，被封为丞相后，将毛玠提升为东曹掾。曹操非常信任毛玠，让毛玠与尚书崔琰共同管理官员的考核、选拔和任免事宜。为了顺利地完成这项艰巨的任务，毛玠与崔琰紧密合作，选拔重用那些既具备真才实学，同时还具备清廉品德的官员。有些人名声响亮，但是曾做过贪污受贿的不法行为，这样的人没有一个被录用；有些人善于以权谋私，说话做事太过虚浮，这样的人更没有被录用。另外，对于那些利用职权贪污受贿、结党营私的官员，他们全都给罢免了，并且以后也不会再任用。

毛玠和崔琰所推行的选拔、任免官员的方法，使得全国百姓都感到震惊。无论是平民百姓，还是朝廷的官员，全都崇尚节俭，即便是地位显赫的大臣也不敢继续过奢华的生活。不久后，东汉末年奢侈腐败的不良风气得到了很大改善。

为了坚持德才兼备的选才标准，毛玠铁面无私，禁止任何人为别人说情。曹操的长子曹丕仗着自己是曹操的亲骨肉，来找毛玠，让毛玠重用他手下的一名亲信。虽然曹丕身份高贵，影响力很大，但是毛玠并没有让步。毛玠说："我只是按照我的能力做我职责范围内该做的事，我了解您所说的那个人，按照升迁次序此次他不该升迁，所以我无法接受您的命令。"曹丕看到毛玠正直无私，不徇私情，只得无奈地离开了。

清廉正直的毛玠不仅赢得了人们的赞扬，还为曹魏政权选拔了大量德才兼备的人才，使得东汉末年奢侈腐败的风气得到了有效遏制。

官员的选拔和任免对于一个政权来说是非常重要的。选拔和任用那些清廉的官员，那么腐败就不易滋生；相反，如果那些品行不端、以权谋私、贪污腐化的人进入官场，那么吏治就会腐化，各种问题就会接踵而至。所以，选择官员一定要慎重，不要用那些行为不端或者有才无德的人。

孙权用人

三国时期，孙策在临终前嘱托张昭辅佐弟弟孙权，他说："如今天下大乱，吴地人口众多，又有长江天险，肯定能继续下去，你们要好好辅佐我的弟弟。"孙策死后，孙权悲伤过度，不理政事。张昭便劝谏道："这是哭的时候吗？现在豺狼当道，你竟然在这里哭你的兄长，这不是开着门等着别人来偷东西吗？"于是，孙权脱掉了丧服，穿上战袍，出去巡视军队。

一个篱笆三个桩，一个好汉三个帮。一个人实力再强，也不可能有三头六臂，越是位高权重者，越需要有人来辅佐。三国时候的孙权就很懂得用人，他在笼络人心方面有自己的一套本领，很多能人被招至麾下，为他所用。

孙策曾对孙权说过："你在用人之道上要高我一筹，但我在领兵打仗上比你强，这也是为什么父亲传位给我而不是给你的原因。"孙权掌权后，发挥自己的专长，用心搜罗人才，然后再让这些人才给自己推荐其他人才，很快吴国就人才济济，呈现出一派兴旺的景象。

孙权很器重周瑜，经常在他面前说起自己对人才的渴望。于是周瑜就向孙权推荐说："我的好友里面有一个了不起的人物，名叫鲁肃，相信他能助主公一臂之力。"于是孙权就派人把鲁肃请了来，俩人一见如故，聊得很开心。

孙权说："先生深知天下大事，如今汉室衰落，而我又刚刚继承父亲和兄长的基业，怎样才能平定天下，像春秋五霸那样建立自己的霸业呢？"

鲁肃说："如主公所言，汉室已经没落了，如今实力最强的是曹操，凭主公现在的实力，还不足以与他抗衡。好在曹操正忙着攻打北方，一时半会儿不会与主公为敌。主公眼下最主要的是先保全自己，保住江东这块地方，然后找机会攻打刘表，抢占荆州，这样就能一步步地成就霸业。"孙权听了之后，嘴上说："我哪有这么大能耐啊。"心里却乐开了花，明白自己找对了人。

另外，孙权还很喜欢重用老臣，每有大事，他就会把这些老臣们聚集起来，听取他们的意见。那些老臣们也都愿意与他推心置腹，把他当成自己人。

张昭在吴国众臣中资历老，为人直爽，但是当大臣们推荐他担任丞相的时候，却被孙权拒绝，因为赤壁之战前张昭是主和派，他希望东吴直接投降，依附于曹操，差一点儿坏了大事。所以，孙权认为张昭在端正自己的品行方面很擅长，但在杀敌谋略方面不行，并不是当丞相的料。他曾对什么的侍从说："张昭虽然忠心耿耿，但我还是要量才用人啊，他并不是丞相这块料。"

孙权懂得完善那些有缺点的人才，比如吕蒙和蒋钦，两人虽然打仗勇猛无比，但是头脑简单，不懂谋略，于是孙权就经常劝他们多读书，还把自己觉得好的兵书借给他们。过了不久，二人果然有所进步。

孙权还善于从小人物中发现人才，例如吴国的大将甘宁原来只是给黄祖牵马的一个大头兵，潘睿则只是关羽手下的一个小喽啰。这些人被孙权发现之后，就像千里马遇上了伯乐，很快便展现出了自己的才能。

孙权并不是一个完美的统治者，他性格多疑，喜欢饮酒打猎，还有些残暴，但三国时期数他掌权时间最长，很关键一点便在于他会用人。孙权的人才战略让人佩服，难怪连当时实力最强的枭雄曹操都说："生子当如孙仲谋。"对当权者来讲，在选人和用人方面应当格外谨慎，如果滥用庸人，只会给自己耽误事；要是错用小人，后果更是不堪设想。考察人才时眼光要准，提拔人才时心要诚，使用人才时给他们施展的空间。

曹丕创九品中正制

　　九品中正制是三国时期魏国曹丕顺应时代需求，开创的一种选官制度，虽然后来弊端重重，但在当时看来，还是具有一定的先进性。

　　在九品中正制之前，汉代选官依靠乡举里选，也就是乡里推举人才。这样的做法符合民意，且能最大范围的选举人才为国效力，但是弊端是容易被一些怀有私心的势力集团控制，被举荐的都是他们的子弟。汉朝末期，很多政治家都对乡举里选制度进行了抨击，要求改革。只是战乱纷纷，统治者根本无暇顾及这件事。汉朝之后，曹操掌权，他是乱世出身的统治者，自然懂得人才的重要性，他选举人才唯才是举，不再需要推荐，只要有才有德，便会被重用。曹操之所以这样做，一是当时需要大量人才，根本没有时间和精力再去走之前的程序，英雄不问出处；再就是，战乱造成民不聊生，基层组织被破坏，想再用之前的"乡举里选"也是不可能的事情了。

　　曹丕称帝之后，基层组织得到了一定的恢复。为了避免之前乡里评议的弊病，他决定将乡里评议人才改为朝廷评议人才，把选举官吏的权力收回中央，于是开始推行"九品中正制"。这种制度的具体做法是：由各郡从在朝为官的本籍人士中选出一位中正，要求是品行端正和有威望，中正负责将本地的士人依据品行、才干划分为九级，分别是：上上、上中、上下、中上、中中、中下、下上、下中、下下，也称为"九品"，然后将评定的报告上报给吏部，作为吏部任命官员的参考。

九品中正制适应了曹魏初期的社会特点，一来将选取任用人才的权力收归中央，减少地方势力对中央的干扰；再者，地方势力并非完全失去影响力，毕竟在评定士人品级的时候，他们还是有很大影响力的。就是说，中央保留了地方势力的一些权力，但是把最大的权力把持在了自己手里，很好地平衡了两者之间的关系。

不过，九品中正制的弊端也是很明显的。九品中正制度讲究的是"品"和"状"。"品"是指根据人才的门第和德才评定的等级，定品时主要以门第为主，德才到后来就不怎么看了。"状"是中正官对人才的个人评价。由于后来定品全凭门第高低，使得九品中正制本身成为世家大族垄断选举的工具。到了魏晋之交，中正官都出自地方上的士族家族，他们在评定品级时，往往偏袒本族。

无论是汉朝的乡举里选，还是曹魏的九品中正制，都算是举荐制，由地方举荐人才。这些做法到最后无一例外，都会被地方势力左右，自己人举荐自己人，官员袒护子弟，各地官员形成自己的势力集团，左右朝政，甚至连皇帝都不放在眼里。直到后来推行科举制，这个问题才算得到解决。

鞠躬尽瘁死而后已

"三顾频烦天下计，两朝开济老臣心。出师未捷身先死，长使英雄泪满襟。"这是"诗圣"杜甫在《蜀相》一诗中对诸葛亮的颂扬。除了这首诗，杜甫还创作了《咏怀古迹》来纪念这位杰出的政治家："诸葛大名垂宇宙，宗臣遗像肃清高。三分割据纡筹策，万古云霄一羽毛。伯仲之间见伊吕，指挥若定失萧曹。运移汉祚终难复，志决身歼军务劳。"

诸葛亮是我国家喻户晓的人物，他的智慧和品德被世人津津乐道。关于诸葛亮实现德治的故事数不胜数，这里只从刘备得到益州之后说起。

益州，即今四川一带，位于中国西南地区，益州的兴衰直接关系到蜀国的发展。因此开发闭塞的益州，就成了诸葛亮面对的首要问题。

诸葛亮治国的方针之一就是虚心听取群众意见。他《与群下教》里提到："夫参署者，集众思，广忠益也。若远小嫌……则亮可少过矣。"从中不难看出诸葛亮在处理国家大事时，十分注意听取百姓的意见。他在丞相府专门设置"参署"机构，不定期召集德高望重的老者到府衙里讨论问题，以便于集思广益。此举充分发挥了集体智慧的作用。

在益州，诸葛亮坚持德治与法治相结合，既做到执法严明，同时还能从人性的角度治理百姓。经过他的治理，益州逐渐由杂乱无序变成井然有条，崇尚文明蔚然成风。

诸葛亮还非常重视和西南少数民族的关系。"七擒孟获"的故事，看过《三国演义》的人都耳熟能详。

诸葛亮在出山辅佐刘备之前，就有了三分天下的规划。在他著名的《隆中对》中，就可以看到"西和诸戎，南抚夷越"这样与少数民族友好交往的方针。

刘备白帝城托孤后，诸葛亮成为蜀国的实际执政者。经过几年的休养生息，诸葛亮认为已经到了北伐中原的时候。可北伐前，诸葛亮的首要任务是平定南方。为了彻底解决后顾之忧，诸葛亮亲自带兵南征。

诸葛亮按照《隆中对》的指导思想，对少数民族采取"攻心为上"的策略。诸葛亮对少数民族的首领们恩威并施，最终赢得了民心。为了表达自己的诚意，诸葛亮采取"以夷制夷"的民族自治政策，即任用少数民族首领来管理当地百姓，而不任用汉族官员。诸葛亮同时还尽可能的维护少数民族的风俗习惯及宗教信仰。为了增进民族融合，诸葛亮还选拔德高望重的首领到朝中任职。在南方，诸葛亮采取了一系列发展生产的措施大力发展经济，以便加强南方与蜀国的联系。由于当地的生产水平实在落后，诸葛亮还不遗余力地推广汉族先进的生产技术，大兴水利工程，扩大耕地面积。除了农业，诸葛亮还不忘记发展手工业和商业，设置盐铁官专门管理盐铁生产。在诸葛亮的利民政策下，原本山高路险的荒蛮之地变得生机勃勃。从此以后，西南地区变得欣欣向荣，百姓生活水平得到显著改善，大家都对"总设计师"诸葛亮感恩戴德。

诸葛亮对少数民族的"安抚政策"，对维护西南少数民族地区的统一，加强各民族之间的友好往来及文化、经济等方面的进步，起到了不可忽视的积极作用。正因为诸葛亮在当地推行德治，才得到了各族人民的爱戴。

诸葛亮曾经提出"理上则下正，理身则人敬"的思想。因此，他十分重视统治者要先以身作则，认为只有先治理好上层，然后再自上而下的推行，下层才会效仿。为此，诸葛亮多次规谏刘禅，希望他能"咨诹善道"，否则就会"令不从则变乱生"。而且诸葛亮自己就是这么做的。他崇俭养德，尽管官至丞相，却不谋私利，除国家规定的奉禄外，从不另置家产。他不仅严格要求自己，也严格要求家人。据《北堂书抄·廉洁》记载，诸葛亮与李严书云："吾受赐八十万斛，今蓄财无余，妾无副服。"

"静以修身，俭以养德。非淡泊无以明志，非宁静无以致远。"这是诸葛亮在《诫子书》里留下的千古名句。诸葛亮对子女的教育极其严格，尤其注重品德方面的培养。他的儿子诸葛瞻后来在邓艾进攻蜀国时，拒不接受诱降，最终慷慨赴死。

诸葛亮以德治蜀，使得蜀国百姓安居乐业。对待那些鱼肉百姓的官员，诸葛亮一律进行严惩，还把他们的行为归结为危害百姓的"五害"，并以官员是否有"五害"作为提拔或罢免的标准。诸葛亮当政期间，事无巨细，事必躬亲。这种"自残式"的行为使得他在五丈原抱憾而亡。"鞠躬尽瘁，死而后已"，诸葛亮为国家和百姓的利益忘我工作的精神，成为后人学习的楷模。

陆逊体恤民情

提到陆逊，大家的第一印象就是著名的夷陵之战。没错，就是那个能征善战的将军。但陆逊可不是大家想象中的一介武夫。

三国时期，能人辈出。东吴的人才有一个有趣的特点，就是文武兼备。无论"谈笑间樯橹灰飞烟灭"的周瑜，还是鲁肃，都是文武双全。陆逊也不例外。作为纵横疆场的将军，陆逊无疑是优秀的，作为治理国家的能臣，陆逊也丝毫不逊色。他在政治上的卓识实在是令人称赞。

孙家从孙坚创业开始，中间经过孙策的夯实基础，到孙权接手时政权已经巩固。东吴政权从开创起，就得益于士族的支持。其中包括周瑜和鲁肃这样的江北士族和顾、张、朱、陆四大江东士族。而陆逊就是来自四大家之一的陆家。尽管生于权贵之家，但陆逊一直都清醒地认识到老百姓的重要性。

陆逊在海昌县担任屯田都尉时，大力支持百姓从事农耕和养蚕，结果使当地百姓都过上了不错的生活。有一年，海昌遭遇旱灾，很多人饿死在路边。其他官员对此都无动于衷，只有陆逊坚持开仓赈济灾民，他的举动得到了当地百姓的拥护。

陆逊对于老百姓的体恤，在那个时代可以说是罕见的。在对待俘虏方面，陆逊的态度极为人性。他禁止手下士卒对俘虏进行侮辱，还能妥善安置那些携带家属的人。对于那些被强行卷入战争的无辜百姓，他会遣散他们回故乡，同时还发给粮食和衣服。很多人被陆逊的品德感动，经常出现多人结伴归顺的现象。

东吴的刑罚一向比较残酷，经常动用极刑。陆逊则不赞同吴国的酷刑，他认为使用刑罚不应该过于频繁，该宽大处理时就该宽大处理。他屡次上书孙权："维护国家的统治不能单纯依靠严酷的刑罚。法律制度过于严峻，对统治者来说弊大于利。如果希望国家长治久安，就要加大宽恕的力量。"当时有一个叫谢景的人，此人非常赞赏先刑后礼的理论。陆逊严厉地训斥谢景："礼教的产生比刑罚要早得多。那些提出先刑后礼的说法都是混淆视听的谬论。你以后不要再继续错下去了，要多多遵循仁义道德。"陆逊的说法在当时是非常具有进步意义的，只可惜在那个战火纷飞的年代，统治者都无暇顾及陆逊重礼轻刑的理论。

孙权称帝后，更加野心勃勃，一心希望通过发动战争来扩大疆域。对于孙权的行为，陆逊认为不合时宜。当时吴国面临的社会境况是百废待兴，人民迫切需要稳定的生活。如果发动战争，势必劳民伤财，使百姓生活在水生火热之中。在一次出征前，陆逊曾劝阻孙权："战争只能震慑对方，却难以征服人心。现在人民最需要解决的是温饱问题。发动战争，只会使老百姓陷入饥寒交迫的境地。我们当务之急应该采取休养生息的政策。等到老百姓生活得到改善，人心所向时，再考虑平定天下也不晚。"可孙权被争夺天下的野心冲昏了头脑，没有听从陆逊，结果损兵折将。回国后后悔没有听信陆逊的忠言。

东吴境内有一个叫山越人的土著部落。他们凭借险要的地形，拒绝缴税，与东吴抗衡，俨然一个国中之国。山越人的问题对孙权来说一直都是个烫手的山芋，几次出兵都无功而返。陆逊提出了一个方法，就是招安山越人。被招安的山越人身强体壮的被选到部队里，体弱多病的则被安排为农夫，从事农业生产。既解决了山越人扰乱治安的问题，又促进了经济建设，可谓一举两得。

高柔断案执法

　　三国时，有个执法严明的县令，在曹操手下当差。县令有个堂兄，是袁绍的外甥，并一度跟随袁绍。后来，曹操平定袁绍之后，他的堂兄投降了曹操，但随即又在并州发动叛乱。

　　这时候，县令还在曹操手下。知道这位县令与叛军首领的关系后，曹操迁怒于县令，并想寻找一个借口杀掉他。然而，这位县令执法公正，典狱清明，没有一点儿过失可以挑剔。

　　一天晚上，县令在自己的府衙夜读案卷文书。恰巧，曹操微服私访诸位官吏。当看到县令倒在案卷文书上睡觉时，曹操倍感怜悯，并决定不再杀他。

　　这位半夜三更还在忙于公务，并让曹操深为感动的县令，就是三国时期有名的执法官高柔。

　　后来高柔被曹操任命为法曹掾，专门掌管司法上的案件。当时曹操还设置了校事，这是一种特殊的官员，专门负责告密。有的时候，校事与法曹掾会产生冲突，不利于司法人员开展工作。于是高柔向曹操上奏了这件事情，请求曹操约束校事。可是曹操到死却没有采纳他的建议。

　　有一次，军队中有个叫宋金的鼓手，他在合肥地界脱离军队逃走了。曹操听闻这件事后，十分震怒，决定依照前代的刑法，将他的妻子儿女，外加他的母亲和两个兄弟全部杀死。这就是连诛制度。

高柔知道事情的来龙去脉后，急忙启奏曹操："士兵当中有逃亡的，这确实是一件让人痛恨的事情。可是，主公有没有想过，有些逃跑的人也有反悔的。如果主公把他的家人全部杀掉，这不等于断绝了逃兵返回的路吗？现在，主公放过他的家人，这样一来，可以使得士兵没有逃跑的理由，再有就是可以挽回他们。如果主公执意要加刑，那么军队中与他有关联的士兵，可能也要出逃了，因为他们也怕受到牵连。"

听完这番话后，曹操被说动了。他对高柔说道："好，就依你的说法去做，放宽量刑。"结果，宋金的家人保全了性命，军队中的相关人等也避免了一场大祸。

曹丕称帝后，任命高柔掌管治书执法。当时民间常常流传出一些诽谤朝廷的谣言，曹丕对此是非常痛恨，于是下令说："只要是散播谣言的人，逮住之后立即处死。谁要是揭发有功的话，就会得到赏赐。"一时之间，告密之风大起。对此高柔上书说："如果将散布谣言的人杀掉，对那些告密者赏赐，这样的话会纵容那些犯错误的人继续犯错，同时又会使相互诬告的风气更加不可控制。这确实不是平息诉讼，让天下太平的好方法啊！望陛下三思。"曹丕听了高柔的上奏，认为他说得很在理，于是就又下诏说："凡是敢诽谤别人的，他告别人什么罪，就用同等的罪处置他。"果然这一诏令实行没多久，告密之风就平息了下来。

魏明帝即位之后，高柔被封为延寿亭侯。当时，宜阳有个典农刘龟，私自到皇家园林里猎杀了一只兔子。这件事情被他属下的一个功曹张京知道了。于是，张京便秘密地向魏明帝报告了这件事。很快，刘龟被魏明帝抓捕入狱。

高柔知晓这件事后，上奏魏明帝，请求告知告密者的姓名。然而，明帝却并没有直接回答，而是怒斥道："在寡人设立的禁区内打猎，刘龟自当处死。寡人现在已经把他交付给廷尉审理，为什么还要说出告密者的姓名呢？难道你认为，寡人会随意抓捕刘龟吗？"

在明帝面前，高柔丝毫没有退让，振振有词地说道："皇上，根据法令，如果不知道告密者是谁，就不能随便定罪的。作为国家的官员，廷尉也是要依照法令向天下人昭示的。现在，皇上执意不肯说出告密者的姓名，那么只怕是要损毁国家的法令了。"

接着，高柔又接连几次上奏，每次都言辞恳切。明帝明白了高柔的苦心和用意，便说出了告密者的姓名。高柔取得相关的证据后，立即将刘龟和张京二人放在一起审讯，最后按照他们各自的罪行给予了相应的处罚。

有一天，一名军官的手下向军官汇报军营的情况说："户军营中有一个叫窦礼的士兵，已经好几天没有来报到了。想必窦礼逃出了军营，希望将军能够严肃军纪，将窦礼逮回来依法处置，并且将他的家产全部都没收，让他的家人都去当奴隶。"上级军官立即展开调查，发现情况和下属上报的几乎一样，于是就决定按照下属的建议办。

窦礼的妻子知道了这个消息，心里十分害怕，便来到官府，想要让官府为自己做主。可是官府没有受理，因为这件事情本来属于军营中的事，地方无权过问。为了保全一家人的性命，窦礼的妻子找到了廷尉高柔，希望他能主持公道，明察此事。

高柔耐心听她讲述整个过程。听完之后，高柔问她："你说你的丈夫不是逃兵，你为什么这么肯定呢？"她说："我的丈夫多次在杀场上战斗，每次都是奋勇杀敌。他连死都不怕，为什么还要逃避责任呢？再说，他是一个十分顾及家庭的人，不会放下我们不管。我认为他这么多天都没有出现，肯定是发生了什么事情。望大人明察。"

　　高柔思考了片刻，接着问她："你的丈夫有什么仇人吗？"她说："我的丈夫是一个很善良的人，不会跟别人结下仇恨。"高柔又问："那么你的丈夫是否和别人有钱财的往来呢？"窦礼的妻子想了想，说："我想起了一件事情。有一个叫焦子文的人向我丈夫借过钱，但是我丈夫催了他好几回，他还是没有还钱。"

　　此刻，高柔也想起关于焦子文的一个情景。在前天的时候，焦子文喝醉了酒，之后还打了人，触犯了军纪，现在被关押在监狱里。高柔想："这个人如此恶劣，会不会是他杀了窦礼呢？"高柔对窦礼的妻子说："整个事情我大概了解了。你先回去，等我的消息。"

　　之后，高柔立即提审了焦子文，质问他："你以前跟什么人借过钱？"焦子文一听，心里很是慌张，但还是极力保持镇定，回答说："我没借过任何人的钱。"高柔一直在认真观察着他，发现他的情态很不自然。高柔说："你分明是在撒谎，前一阵子窦礼不是借钱给你了吗？况且窦礼已经被你杀了，你以为别人不知道？我现在已经找到了证据。你要是主动承认的话，那么我还能对你从轻发落，否则的话我一定用军法严惩你。"焦子文心里更加慌乱了起来，他知道纸包不住火，于是再也不敢隐瞒，老实交代了自己的犯罪经过。接下来，高柔依法处置了真凶，还了窦礼家一个清白。

"悬丝尚书"山涛

山涛字巨源，魏晋时期河内怀县（今河南武陟西）人，与嵇康、阮籍、刘伶等人并称为"竹林七贤"。他为官清廉，将别人贿赂他的生丝悬挂在阁楼上，从而获得了"悬丝太守"的美誉。

山涛生活一向节俭。在没有做官前，他只是一个非常普通的百姓，家里非常贫困。他担心妻子无法忍受这种贫困的生活，就对妻子说："现在我们的日子过得非常辛苦，你就暂时忍耐一下吧。我以后一定会做大官的，不知道你是否愿意等到那一天的到来？"他的妻子非常贤惠，并没有因为贫困而抛弃他。后来山涛果然做了大官，有人劝他纳妾，他毫不犹豫地拒绝了。

在四十岁那年，山涛成为了郡里的一名小官，后来又被调到京城担任尚书吏郎。

公元265年，司马炎建立西晋，山涛被提升为吏部尚书。尽管当上了大官，但他仍然过着俭朴的生活，还经常拿朝廷发放的俸禄来救济那些贫困的亲友。此外，他还清正廉洁，从不以权谋私，更不做贪赃枉法的事情。

有一个叫袁毅的县令，为人贪婪，在任职期间利用手中的职权，大肆搜刮老百姓的财物。他经常巴结和贿赂有权有势的官员，朝中很多大臣都曾收受过他的财物。他知道山涛位高权重，对自己的仕途有着重要影响，便主动巴结山涛，送给山涛一百斤生丝。

山涛清廉如水，坚辞不受。可是，袁毅说什么都不肯把生丝拿回去，还说："朝廷里很多位高权重的官员都收下了我的礼物，您如果非让我把这些生丝拿回去，恐怕就会被人说成为了获取名声而标新立异啊！"山涛非常无奈，只得收下了这些生丝。因为他知道，在当时的政治风气下，如果拒绝接受这些生丝，便会引起朝中同僚的排斥与厌恶。不过，他吩咐下人把这些生丝封好，悬挂到阁楼上，还禁止任何人动。他这样做，既保持了自己清廉的气节，也给其他行贿者以警示。

后来，袁毅因为贪污腐败而获罪，当初接受他贿赂的官员也都被查了出来，并受到了相应的处罚。负责调查此事的官员查出山涛也曾接受过袁毅的贿赂，便带领手下来到山涛家里仔细盘查。山涛把一百斤生丝取下来，交给那位官员。那位官员看到，那些生丝上面布满了厚厚一层尘土，连封印都完好无损。

公元281年，77岁的山涛辞职回乡，两年后因病去世。晋武帝司马炎听说他的死讯后非常伤心，派官员去他家里慰问。那些人来到山涛家后，发现山涛家中一贫如洗，很多人挤在一所小房子里，回京之后便报告给了晋武帝。晋武帝立即下令给山涛的家人盖一所宽敞的房子，这才解决了一家人的住房问题。

山涛一生节俭，为官清廉，深受人们的好评。竹林七贤之一的王戎称："山涛就像没有雕琢过的玉石，没有提炼过的矿石，人们只知道它们非常珍贵，却对它们的真实价值不甚了解。"这样的评价是非常中肯的。

功过是非晋武帝

司马炎是西晋的开国皇帝，他一手终结了战乱不断的三国乱世。因为从祖父司马懿开始，中间经过伯父司马师和父亲司马昭的巩固，使司马氏的政治根基非常稳固。那些威胁西晋政权的势力，基本上已经被铲除殆尽。但统一天下之后的司马炎心里很清楚，自己的王朝如果想长治久安，就必须要得到官僚和民众的支持。

按照一般的习惯，当政者对亡国之君要么是斩草除根，要么是进行无尽的羞辱，但司马炎对刘禅和蜀国的旧臣施行优待，对有才能的人，还能酌情录用。

蜀国有一个叫李密的官员，博闻强识，以孝心闻名于当时。爱惜人才的司马炎亲自对李密进行了"面试"。

"寡人听说你才智过人，是这样吗？"

"臣就是一个普普通通的人，说臣才智过人，实在是愧不敢当。"李密谦虚地回答。

司马炎很欣赏李密谦虚的态度，就说："朕打算重用你，怎么样啊？"

"感谢陛下厚爱。但臣的祖母年纪很大了，臣打算陪她老人家安度晚年。"

"朕早听说你是个孝顺的人，今天一见，果然名副其实。"司马炎没有勉强李密，赏赐李密奴婢，还命令地方官负责照料李密的祖母。等到其祖母亡故后，司马炎诏令李密作为自己家族发源地的县令，对李密的喜爱可见一斑。

多年的战争导致社会底层的百姓生活困苦，上层社会对土地的霸占使百姓雪上加霜。为了改善民生，司马炎制定了"户调式"的经济制度。新颁布的规定，使农民可以合法占有田地。农民生产积极性的提高，使大片荒地得到了开垦。同时还限制贵族和地主阶层对土地无限制的兼并。新制度有利于稳定社会秩序，促进晋朝初年社会经济的恢复。

司马炎还非常重视开荒和兴修水利。只在汲郡一个地方就开荒五千多顷，使当地百姓的生活立即富裕起来。由于战乱，中原地区的人口大大减少。司马炎为了增加中原的人口，采取了一系列的奖惩措施。为了避免荒年粮食减产导致社会混乱，司马炎设立了"常平仓"，就是在丰收年按合理价格抛售布帛，收购粮食；到了灾荒年则按老百姓接受的价格出售粮食。粮食价格的稳定，极大地保障了百姓的生活。对于那些投机倒把的奸商和官员，司马炎则加大惩罚力度。经过司马炎的改革，使晋初出现了历史上"太康盛世"的景象。

除了经济，司马炎还大力开展文化事业。当时的社会盛行以"三张、二陆、两潘、一左"为代表的"太康文学"。"洛阳纸贵"这个典故就是发生"一左"左思的身上。只有在太平盛世，才会出现人们竞相买书抄书的现象，可以看出当时社会风尚的良好。

除了文学方面，在其他领域也涌现出很多对文化有深远影响的杰出人物。裴秀，是著名的地图学家，他创立的"制图六体"是当时世界最为领先的地图学理论。有一次，裴秀的朋友郝诩给他人写信，大意就是说有事可以找裴秀帮忙。有人把这封信作为罪证放到司马炎面前，说裴秀假公济私。司马炎看完信，对告密者说："别人求裴秀办事，是别人的事，和裴秀没有关系。而且这个人根本没有找裴秀帮忙，裴秀有什么罪呢？"后来，又有人向司马炎状告裴秀强占官田，公正的司马炎查明情况后，把告密者打发回去。正因为司马炎的公正无私，才使得裴秀有更多精力和机会研究地图学。在医学方面，则有大医学家、"针灸鼻祖"皇甫谧。这些杰出人物的成就与司马炎开明的文化政策和人才保护措施是分不开的。

不过，在灭东吴统一全国之后，志得意满的司马炎对政事产生了倦怠之感，开始追求奢侈腐化的生活。他下令在洛阳为他的祖宗修建太庙。由于建筑太庙所用的材料全部来自南方，而且还用黄金进行装饰，所以这项工程耗费大量人力和物力。不过，为了满足一己私欲，司马炎对此根本不在乎。

公元273年，司马炎下令在全国进行选美，以满足自己的淫欲。他还下令，在选择结束之前，任何人都不得嫁娶。东吴的末代君主孙皓是一个荒淫无度之辈，而东吴又盛产美女，所以孙皓的后宫里有大量倾国倾城的美女。司马炎听说此事后，对这些美女垂涎欲滴，所以下令将孙皓后宫内的五千名美女调入他的后宫。他的后宫里本来就有数千名美女了，加上从东吴调的这些美女，他的后宫佳丽达到上万人。由于美女太多，司马炎遇到了难题：每天晚上去哪个妃子宫里睡觉呢？为了解决这个问题，他索性坐在一辆羊车上，任由羊随意前行，如果在哪个妃子的门口停下来，他就与那个妃子寻欢作乐。后宫的妃子都渴望得到他的宠幸，所以全都想办法让拉车的羊停在自己门口。她们有的在门口撒盐，有的把竹叶插在门口，引诱羊只前来。

为了维持奢侈腐化的生活，司马炎大肆搜刮百姓，甚至还通过卖官来敛财。

看到司马炎如此昏庸无道，大臣们担心长此以往，国家将会灭亡，就想找机会劝谏一下，让司马炎有所收敛。一天，司马炎在大臣们的陪同下，前往洛阳郊外祭祀。祭祀结束后，司马炎洋洋得意地对司隶校尉刘毅说："我取得了这样的功绩，可以与汉朝的哪个皇帝相媲美呢？"

司马炎认为自己的功绩可以与汉高祖刘邦、武帝刘彻、光武帝刘秀等人相提并论，却没有想到，刘毅认为他只能与桓帝、灵帝相比。桓、灵二帝都比较昏庸，他们统治时期正是东汉政局最混乱的时代。司马炎有些生气，他觉得自己要比那两个皇帝强很多，就不甘心地问刘毅："我怎么只能和他们两个相比呢？"刘毅毫不客气地答道："当年桓帝也曾卖官鬻爵，但他把钱都放进了国库，陛下您却把卖官所得的钱却全都放进了您的金库里。"司马炎被这一席话说得无地自容，只好故作镇定地说："你说得对啊！不过，桓帝身边没有像你这样敢于直言劝谏的大臣，而我身边却有，由此可以看出，我还是比他强一些的。"

后来，骄奢淫逸的司马炎对国家大事越来越不关心，最终导致朝政大权落入皇后之父、无能而又集权的杨骏等人手中。杨骏等人结交权贵，将忠君爱国的大臣赶出朝廷，不断培植自己的势力。尽管有大臣多次劝谏，但司马炎根本听不进去。公元 290 年，晋武帝司马炎因病去世，随后"八王之乱"爆发。这场战乱长达十六年，再加上天灾不断，导致经济不断衰退，百姓流离失所，"太康之治"的景象不复存在。

石崇斗富

晋武帝司马炎统一全国后，开始变得志得意满，追求奢侈腐化的生活。在他的影响下，朝中文武官员无不追求奢侈享乐，把摆阔显富当成一种很光荣的事情。

当时晋朝国都洛阳有三个非常有名的富翁。他们分别是：晋武帝的舅舅、后将军王恺，掌管禁卫军的中护军羊琇，散骑常侍石崇。王恺和羊琇都是晋武帝的亲戚，他们利用手中的权势，大肆搜刮民脂民膏，积累起巨大的财富。尽管他们非常富有，但与石崇相比，他们还有些逊色。

石崇是西晋开国元勋石苞最小的儿子。石苞早年间只是一名不起眼的小官，后来凭借出色的才能不断高升，在晋武帝时期被提拔为大司马。石苞在临死的时候，把全部财产分给自己的五个儿子，唯独没有分给小儿子石崇。石崇的母亲对这样的安排很不满，就问丈夫为什么要这样做。石苞说："石崇尽管年纪最小，但是他以后能获得巨大的财富。"

事实证明，石苞的话非常正确。至于石苞为什么有先见之明，能预测石崇以后能大富大贵暂且不去计较，这至少能说明，石崇的财富完全是靠自己获得的。那么，石崇的财富来自哪里呢？

有人说，石崇的财富来自于荆州太守任上。他曾担任过几年荆州太守，荆州是一个连接南北的大城市，水陆交通非常发达，有大量商人往来。石崇不仅大肆搜刮百姓的财物，还经常派人抢劫路过荆州的商人和外国使臣。因此，他在几年时间就积累起大量财富。

还有人说，石崇在担任任城太守或者是讨伐吴国的过程中，大肆抢夺财物。

由于没有翔实的史料，所以无法确定石崇的财富究竟来自哪里。但不可否认的是，他的确拥有数不尽的钱财。

石崇的生活过得非常奢侈。他的宅院修建得富丽堂皇，后房里有数百名貌美如花的姬妾，她们都穿着精美的衣服，上面装饰着很多珍珠和宝石。他吃的是从全国各地高价购买来的珍禽异兽，听的是天下间最美妙的音乐。为了炫耀财富，他还派人前往全国各地寻找奇花异草，之后花高价买回来，摆放在宅院旁边的金谷园里。后来，他又花费巨资在园里修建了一座美轮美奂的绿珠楼，供他花费五斗珍珠买来的歌伎绿珠居住。

石崇家里的厕所也修得十分豪华。厕所里有十多个穿着艳丽、打扮得光彩照人的侍女，恭恭敬敬地站在那里，等候为上厕所的客人服务。客人上过厕所后，她们就把客人原来的衣服脱下来，再给客人换上华丽的新衣服，之后才让客人出去。石崇有一个叫刘实的朋友，他去拜访石崇，突然想去厕所。进入厕所后，他看到一张铺着华丽的铺子、挂着漂亮的纱帐的大床，还有两名侍女手里拿着香囊站在大床两侧。他立即转身退出来，非常羞愧地对石崇说："实在对不起，我刚才走错了路，竟然进入了你的卧室。"石崇听后，放声大笑起来，说："你没有走错，那里就是厕所。"

石崇一直认为自己是天下最富有的人。当他听说王恺是洛阳城内最有钱的人后，就很不服气，决心与王恺一较高下。

当他听说王恺家里用糖水刷锅后，他就命令家人用蜡烛当柴火烧饭，还让人用香料把厨房的墙壁粉刷一遍，以显示自己比王恺更富有。王恺也不服输，他派人用细紫丝编织成四十里长的屏障，布置在家门前的道路两旁。有人想进入他家，必须要经过这四十里长的屏障。洛阳城里的百姓听说此事后，无不感到震惊。石崇听说此事后，派人用彩缎编织成五十里长的屏障布置在自家门前。彩缎比紫丝更加贵重，石崇这样做，就是要向人们证明，他比王恺更加富有。

晋武帝司马炎经常帮王恺与石崇斗富。有一次，他赏赐给王恺一棵两尺多高的珊瑚树，让王恺以此来压倒石崇。有了这棵世所罕见的珊瑚树，王恺自信能够打败石崇，所以就洋洋得意地请石崇到家里来欣赏。石崇看了珊瑚树一眼，二话不说就用铁如意将其打烂。王恺十分心疼，说石崇这样做，完全是因为嫉妒自己更富有。石崇十分不屑地说："这棵珊瑚树根本不算什么，我立刻赔给你更珍贵的。"说完，他就派手下人去家里取。他的家人很快就拿来六七棵珊瑚树，而且每棵都高三四尺。王恺看到后，气得面如土色。

石崇虽然拥有万贯家财，但他奢侈腐化，与人斗富，且多行不义，最终因为财富而死。

石崇在朝廷里依附于贾谧，后来贾谧因谋害惠帝太子而被杀，石崇受到牵连而被免职。八王之乱中，赵王司马伦掌权时，依附于司马伦的孙秀一直想得到石崇的歌伎绿珠，以前由于石崇权势很大，所以他一直没有下手。等到石崇被免职后，他就直接派人去石崇家里讨要绿珠。当时石崇正在与歌伎们饮酒作乐，孙秀的使者到来后，他把数十名歌伎叫出来，任由对方换挑选。这些歌伎都穿着华丽的衣服，散发着浓郁的香气。

可是，孙秀的使者却说："这些歌伎个个都是绝世美人，但我要找的人是绿珠，请问哪一个是绿珠？"

石崇听后，立刻火冒三丈。他怒气冲冲地说："绿珠是我最爱的歌伎，我无论如何都不会让你带走她。"

使者说：“您知识渊博，通晓古今，希望您好好考虑一下。”

他的意思是，石崇已经失去了权势，应该及时变通。但石崇仍然坚持不让他带走绿珠。他回去后，就如实地向孙秀作了汇报。孙秀非常气愤，就劝赵王司马伦将石崇杀掉。司马伦果然派兵来抓石崇，之后将他杀死。石崇在临死前对杀他的人说：“他们要杀我，还不是看我有钱，想要将我的钱财霸占。”那个人说：“既然你知道会因为钱财而丢掉性命，为什么不早些把财产拿出来做些好事？”说完后，他就把石崇给杀死了。

石崇虽然极为富有，但是他的财是用不义的手段获取的，而且他追求奢侈享乐、与人斗富，却从来不做善事。所以，他才会招致别人的嫉妒，引来杀身之祸。

陈元达锁腰谏刘聪

魏晋时期，战乱纷纷，北方的少数民族乘机向南迁徙，希望能够入主中原，这其中匈奴族是比较强大的一股力量。匈奴族在首领刘渊的带领之下，建立起了汉国，他的儿子刘聪即位之后，率军攻下了洛阳，并将晋怀帝俘虏。

刘聪的元配是呼延氏，被他封为皇后，可惜在他攻下洛阳前便去世了。刘聪比较宠幸贵妃刘氏，不但将她立为新皇后，还下令为她新建一座宫殿，用来举行盛大的封后典礼。这个时候廷尉陈元达站出来劝谏说："如今刚刚攻下洛阳，局面尚未稳定，敌人还未铲除，怎么能如此贪图享乐呢？晋朝国君正是因为骄奢萎靡，不顾百姓生死，只顾自己享乐，所以丢了中原大好河山。难道陛下不应该从中吸取教训吗？先帝在位时体贴百姓，生活简朴，从来不搞这些大场面，难道陛下不应该学习吗？如今外有强敌，将士们日夜劳累，已经够辛苦的了，如果您还大兴土木，劳民伤财，真是太不应该了！"

刘聪听完这番话后，恼羞成怒，骂道："朕身为天子，造一个宫殿，还要问你吗？不杀了你这个奴才，朕的宫殿怎能建成？"说完之后下令将陈元达连同妻子儿女一同押到东市，斩首示众。

陈元达大叫道："我之所以挺身而出，完全是为了国家，为了百姓，而你将我处死只是为了自己泄恨。就算是死了，我也会上诉到天庭，到先皇面前告你的状。如果你真的愿意做这样一位让人唾弃的君王的话，你就把我杀了吧。"

陈元达进宫的时候就知道自己说出这番话后肯定会被处置，于是带了一把长锁，他说完这些话后便把自己锁在了宫里面的大树上，侍卫们怎么也弄不开，个个束手无策。这时一旁的大臣们也都纷纷为陈元达求情，但是刘聪心意已决，谁也不理会。

就在这时候，皇后刘氏经过大殿，搞清楚了事情的原委，立刻写了一封信，让人秘密交到刘聪手中。信上写道："听说陛下要为臣妾建造宫殿，如今国家尚未平定，灾祸没有消除，动用人力物力的事情尤其要谨慎。廷尉陈元达是忠臣，他的冒死上谏，按说应该赏赐他爵位美人，结果皇帝非但不听劝告，还要将他杀掉。这件事的罪魁祸首在臣妾，自古亡国败家，都是由妇人引起，每当看到史书上记载的这些例子，臣妾都愤恨不已，气得饭都吃不下。一想到后人将来也会这样来看待我，我还有什么脸面面对列祖列宗？还请陛下赐臣妾一死。"

刘聪看过信之后，羞愧得满脸通红，急忙说道："朕最近身体不佳，心情也不太好，头脑发热，冤枉了陈元达啊！"他将皇后的信交给陈元达看，说："在外有你这样的人辅佐，在内有皇后这样的人辅佐，何愁国家不能强盛！"刘聪免除了陈元达的罪名，还下令将后花园改名叫纳贤园，后堂改名为愧贤堂，以此为鉴。

综理微密的陶侃

　　说到陶侃，也许有人不知道，但提到他一个著名的后代陶渊明，大家一定不陌生，陶侃就是陶渊明的曾祖父。陶侃是以显赫的战功从底层官吏变成一代名将的。陶侃治理荆州时，政绩就非常出色。

　　陶侃刚赴任时，恰逢荆州闹大饥荒，很多穷人因为没有饭吃而饿死。陶侃立即着手解决老百姓的吃饭问题。当老百姓的吃饭问题逐步解决后，陶侃则大力发展农业生产，同时还采取一系列措施稳定社会秩序。在他的治理下，出现了路不拾遗的情况。陶侃在取得这样令人满意的政绩后，并没有得意忘形，继续恪守职责，兢兢业业地处理公务。

　　陶侃在广州为官时，只要公务不繁忙，总是清早把一百块砖搬到书房外边，天黑前再把砖搬回书房。当别人好奇地问他为什么这么做时，陶侃总是一本正经地回答说："我的志向是收复中原失地，如果耽于悠闲安逸的幸福生活，就会使自己的意志和身体变得退步，到时候就不能承当大任，因此我才通过劳动来锻炼意志和身体。"

　　陶侃聪慧敏捷，为官勤恳。对于军中府中众多的大事小情，陶侃总是事无巨细，亲自去处理，因此没有片刻的清闲。他还经常对别人说："大禹这样的圣人尚且珍惜时间，我们这样的普通人就更应该珍惜时间，怎么能够用娱乐活动来消耗时间呢？一个人如果在活着的时候对人没有益处，他死后也就不会被后人记起。"

陶侃无论在工作还是生活中，都是严格要求自己。如果有人赠送礼物，陶侃总是要问清楚礼物的来路，如果是赠送者通过自己的汗水获得的，他就会高兴地收下，同时在来人离开时，加倍回赠。反之，如果送给他的东西是来路不明，他就把礼品推出门外，同时还要指责赠送者的行为。陶侃不仅严格要求自己，同时还严格要求手下人员。有一次，陶侃的下属耽误了公事。当陶侃通过调查，发现下属是因为贪杯和赌钱耽误公事后，就派人把下属的酒器和赌具全部扔进江里。又有一次，陶侃在走路的时候看到对面走来一个人，这个人的手里拿着一把没成熟的水稻。陶侃迅速走到那人面前，问道："你把没有完全成熟的稻子拔下来，到底为了什么？"那个人若无其事地说："我没有事做，就随手拔下来玩玩而已。"陶侃怒不可遏地对他说："你这个人，自己不从事生产，还要破坏别人种的粮食"于是，他命令手下士兵把那个人结结实实地痛打了一顿。

陶侃为人谨慎，凡事都喜欢未雨绸缪。有一次，他在主持造船工作后，命令工匠们把竹片木屑等边角废料全部收集起来，大家接到命令都疑惑不解。到冬季天降大雪，地面的冰雪在日照下融化时，陶侃派人把收集起来的碎屑铺在地上，一下子解决了路面泥泞的问题，大家这才理解陶侃当初的用意。

由于陶侃勤于政务，为人又"性纤密好问"，人们就把他和西汉的赵广汉相提并论。陶侃在东晋士族不屑理事的风气下，他能勤于吏职，精于吏职，在当时的官吏中是极为罕见的。

暴虐无道的苻生

　　氐族前秦厉王苻生是历史上有名的暴君，他嗜杀成性，在其当政的三年里，以杀人取乐，罪行罄竹难书。

　　他的祖父苻洪在位时，非常不喜欢苻生。有次，苻洪当着苻生的面对左右说："我听说瞎子是用一只眼流泪的，不知道是不是真的。"左右听后，都说是。没想到，苻生拔出刀，刺瞎自己的一只眼睛，指着流出的血说："难道这不是泪吗？"苻洪极为惊骇，拿起鞭子抽打苻生，并骂他："你这贱骨头，只配为奴。"苻生却冷笑着问："难道如石勒不成？"（石勒曾为农奴）

　　苻洪死后，其儿子苻建即位。苻建临终时，又把皇位传给给了苻生，并对他说："你年龄尚小，一定要记住，手下的哪个大臣不听话，你就把他杀了。"苻生果然牢记他父亲的话，即位第一天，就杀了一个大臣。

　　原来，苻生即位当天就想改年号为寿光元年。一般新皇即位要沿用当年的年号，等到下一年才能用新年号。大臣段纯觉得现在改年号不妥便进谏："陛下，不过年就改元，这在礼节上不对啊！"苻生大怒，指着段纯骂道："朕只是想改个年号，你就出来嚷嚷。"随后就把段纯杀了。

大将强怀曾跟随苻建南征北战，立下赫赫战功，后来在一次战役中战死了。按照当时规定，他的儿子强延应该继承强怀的封赏。但直到苻生即位，强延也没有受到封赏。一次苻生在外闲游，看见一个穿白孝服的妇人跪伏在道旁哭泣。苻生好奇，问左右她是何人。左右告诉他那是大将强怀的妻子樊氏，求陛下为她的儿子请封。于是苻生问妇人："你儿子有何功绩，敢邀封典？"妇人说："妾夫强怀，与晋军作战而亡，未蒙抚恤。今陛下新登大位，赦罪铭功，妾子尚在向隅，所以特来求恩，冀沾皇泽。"苻生听后很不高兴，叱骂说："封典需由我酌颁，岂是你可以妄求？"那妇人不识进退，还俯伏地上泣诉亡夫忠烈。苻生大怒，取弓搭箭，一箭洞穿妇人的颈项，妇人抽搐几下就死了。

宰相雷弱儿为人豪爽耿直，因看不惯苻生宠臣董荣的所作所为，得罪了董荣。董荣就在苻生跟前污蔑雷弱儿对皇帝不恭敬。苻生大怒，派人将雷弱儿的全家老小都杀了，其中有他的七个儿子，十个孙子。

苻生嗜杀的性格不但让大臣们心惊胆战如履薄冰，苻生身边的宫女太监们也一个个提心吊胆，唯恐说错一句话丢了性命。有次，苻生问他身边的一个侍从："现在我是皇帝了，你说说外面的人是怎么看待朕的。"侍从回答说："外面的人都说陛下英明，把国家治理的井井有条，天下人无不赞扬陛下给他们带来的太平生活。"没想到苻生大怒："你竟敢向我谄媚？"于是把这个侍从杀了。过了一段时间，苻生问另一个侍从同样的问题。这个侍从有了别人的教训后，不敢再说奉承的话，于是战战兢兢地对苻生说："外面的人说陛下有点严厉。"没想到苻生又大怒道："你竟敢诬陷我。"又让人把这个侍从杀了。

苻生自即位后先后杀死了他的父亲苻建留给他的八位顾命大臣，有段纯、毛贵、梁楞、梁安、雷弱儿、王堕、辛牢、鱼遵。后来梁皇后也无故被他一刀砍死。

　　这种暴虐的性格使得他不得人心，终于招来祸患。符生的堂弟符坚，看到符生这样残忍暴虐，就暗地里招贤纳士，网罗了一大批人才，发誓推翻这个暴君。一日，符生无意中对身边的婢女说："符坚、符法两兄弟一直觊觎朕的皇位，我要找个机会把他们杀掉。"婢女恨透了符生，于是她把这个消息告诉了符坚和符法。二人得到消息后，一商量，决定先下手为强。

　　符坚与符法率领数百壮士，大摇大摆地向皇宫走去，还大噪旗鼓跟别人说要去杀符生。宿卫的将士对符生的残暴看不惯，毫不抵抗，竟随符坚杀进宫里。符生醉卧床中，朦朦胧胧的听到有兵杀入，他起来问左右："这些是什么人？"左右回答说："是贼。"符生说："既说是贼，何不拜见？"左右都笑了起来，连符坚的手下兵都忍不住。符生催士兵下拜，不拜者就斩。符坚命令士兵，把符生从卧榻上拖下来，把他幽禁起来。不久废符生为越王。

　　符生一夜之间成为阶下囚，后来被符坚赐死，时年 23 岁。符坚谥符生为厉王。

王猛整顿吏治

执政者如果认可下属的能力，就应该用人不疑，并给与大力支持。前秦皇帝苻坚用人不疑，给予了大臣王猛足够的信任，作为回报，王猛尽职尽忠。这是一个双赢的结局，也是最好的结局。

苻坚在位期间励精图治，使前秦基本统一北方，这也与他会用人有很大关系，王猛便是一个最典型的例子。

起初，苻坚只是任命王猛担任县令。王猛上任之前，始平县氐族势力长期欺压百姓，地方官吏形同虚设。王猛到任之后，马上抓捕了氐族豪强的头目，并将他处死。氐族豪强们因此恨透了王猛，到处告他的黑状。不久后，王猛被诬陷入狱，押往长安。到长安之后，苻坚责问他说："你一直跟我说要以德治国，现在却又乱杀人，为什么要这样呢？"王猛平静地说："如果国家太平安定，当然要德治，但那个地方混乱不堪，我不杀一儆百，怎么能震慑得住？我这是为了国家的利益，而非为了自己的淫威，迫不得已才这样做的。"苻坚明白了实情之后，不仅马上放了王猛，还提升他为中书侍郎，执掌枢密。在此之后的一年里，苻坚又先后四次提拔王猛，一直让他做到了辅国将军，成为了前秦的丞相。

樊世出身贵族，同时是前秦的开国大臣，威望很高，他对出身卑微的王猛得到如此重用十分不满。其实这也代表了很多皇亲国戚和老臣们的意见。一天，樊世当着众大臣的面，质问王猛说："我们耕田，你倒来吃白食？"王猛看了看樊世，冷笑着说："我不但要你给我耕田，我还要你为我烧火做饭呢。"樊世听后，恼羞成怒，发誓一定要把王猛的人头挂在长安城楼上。

王猛把这件事情告诉了苻坚，苻坚其实早就对这帮人心怀不满，便想着来个杀一儆百。正在这时，樊世闯了进来，二话不说就去打王猛。苻坚见状，马上令左右把樊世拖出去斩首示众。从此以后，文武百官都对王猛惧怕三分，王猛可以毫无顾忌地实施改革。

光禄大夫强德，整天仗势欺人，无恶不作，但他是苻坚的娘舅，苻坚虽然对他十分不满，也无可奈何。王猛兼任京兆尹之后，马上逮捕了强德，将他就地正法，并把尸首放在闹市街头示众。苻坚并没有责怪王猛，反而暗中赞赏他为民除害，算是解决了自己的一个棘手的难题。

王猛提拔了另一位性格刚强的大臣邓羌，两人一起合作，纠察罪犯，特别是在处理氏族权贵时，毫不手软。仅仅数十天，就有二十多个皇亲国戚和贵族因为各种作奸犯科被正法。经过严打，一时间前秦法律严明，民风大好。人们夜不闭户，路不拾遗。此外，原先居功自傲的大臣们见了皇帝也不再趾高气扬，而是服服帖帖，因为他们担心下一个被查的就是自己。官场上清官越来越多，百姓们安居乐业。苻坚出游的时候，总能受到百姓们的夹道欢迎，他愈发感觉到王猛的重要，对他一再提拔和奖赏。

此外，王猛还很注意调节各民族之间的关系，并且重视发展农业生产，奖励垦荒，兴修水利。这一系列举措使得前秦能够自给自足，并逐渐国强民富。没过多久，前秦就消灭了前燕和前凉，统一了黄河流域以北广大地区。

王猛由于长期操劳过度，积劳成疾，终于一病不起。即便是在生病期间，他还不忘过问国家大事，积极献言献策。苻坚曾将王猛比作姜太公，说有他在，自己可以安享晚年了。王猛去世之后，苻坚悲痛欲绝。前秦的百姓都很敬重王猛，全国为他哀悼了三天，街头巷尾哭声不绝。最后，苻坚以最高标准安葬了王猛，并追授他为武侯。

吴隐之饮贪泉

东晋末期，官场贪污腐败非常严重。这个问题在广州地区表现得尤为明显。当时的广州包括现在的广东、广西大部分地区，那里气候温暖，适宜多种植物的生长，所以物产非常丰富。另外，东晋王朝的海上贸易中心番禺（今广州市）也隶属于该地。天竺、波斯等国的商船每年都会数次来到这里，带来异域的奇宝。总之，广州地区物产丰富、商贾云集，是财富的聚积地。广州地区的官员大多贪污腐败，大肆搜刮民脂民膏，盘剥往来的商人。简文帝知道此事后，为了整顿该地区官员的歪风邪气，就派有名的清官、御史中丞吴隐之出任广州刺史。

吴隐之此前曾先后担任过辅国功曹、参征虏军事、尚书郎、晋陵太守、秘书监，还曾担任过谢石的主簿。谢石是东晋大名鼎鼎的人物，曾率领晋军在淝水之战中以弱胜强，击败了不可一世的前秦大军。谢石非常欣赏吴隐之的清廉，对吴隐之的生活非常关心。吴隐之的女儿要出嫁，谢石知道吴隐之一贫如洗，就特意派人带着办喜事所需要的各种物品去帮忙。那些人来到吴隐之的家里后，发现非常冷静，没有任何布置，没有一点儿办喜事的气氛。过了一会儿，他们看到吴隐之的婢女牵了一条狗去市上卖。经过询问才知道，原来吴隐之连为女儿置办嫁妆的钱都没有，只得把家中的狗卖掉，换钱来置办女儿的嫁妆。

晋安帝元年，吴隐之南下广州。在距离番禺二十里处，有一个地方叫石门，那里有一口名为"贪泉"的井，据说无论是贪官还是清官，只要喝了此处的水，都会变得非常贪婪。附近的居民觉得井水有问题，都不敢饮用。吴隐之为表明自己做一名清官的决心，特意带着随从来到"贪泉"边，一边喝着水，一边赋诗道："古人云此水，一歃怀千金。试使夷齐饮，终当不易心。"

这首诗的意思是：人们都说，喝了"贪泉"的水，会变得非常贪婪，视财如命。而如果让伯夷、叔齐那样品德高尚的人喝了，是根本不会改变清正廉洁的本性的。他借这首诗表明，他会像伯夷和叔齐那样，保持清正廉洁的本性。

到任后，吴隐之发现，刺史府内摆放着很多豪华的物品，所用的器皿非常精美。于是，他立即下令将那些物品和器皿都收起来，放到仓库里，摆放实用的物品，使用简朴的器皿。平时，他和家人都穿着非常朴素的衣服，吃饭时只吃一些青菜和鱼。他的手下认为他特别喜欢吃鱼，为了讨好他，就经常送他一些剔除了刺的鱼。吴隐之非常生气，狠狠地惩罚了那个人。

吴隐之如此俭朴的生活作风与广州地区的其他官员形成了鲜明的对比。那些官员大多追求奢侈的生活，所穿的衣服，质地精良、款式优美，所吃的食物一般都是山珍海味。一些官员指责吴隐之为了博取荣誉，故意做样子，还有一些官员把他当成异类。尽管如此，吴隐之依然不改节俭的作风。在他的影响下，广州地区的吏治有了明显改善，官吏不敢再像过去那样明目张胆地盘剥商人和百姓了。

晋安帝对吴隐之的政绩给予了充分肯定，特意下诏对吴隐之进行表彰，称他虽然处在财富聚积之地，却不改清正廉洁的操守，实在难得。此外，晋安帝还封他为前将军，赏赐给他很多财物。后来，吴隐之遭奸臣陷害，被召回京师。

　　吴隐之担任广州刺史多年，在离开广州时，他的行李只有一些简单的生活用品，没有任何奇珍异宝。他的妻子为了贴补家用，特意买了一斤沉香，打算拿到京城建康（今南京）卖掉换钱。吴隐之认为沉香来路不明，就将其扔到湖里去了。回到京城后，他和家人又住回了狭窄低矮的茅草屋。

　　后来，吴隐之被任命为度支尚书、太常，他依然保持着廉洁俭朴的作风，过着如同普通百姓一般的生活。他的俸禄除一部分留作口粮外，其余全都施舍给贫困的族人。他的家人像普通百姓那样，靠纺线度日。

　　吴隐之为官四十余载，一直保持着清正廉洁的本性，从不贪污受贿，做有违法纪的事情。因此，他受到了人们的称赞和景仰。

清廉耿直的高允

　　高允是北魏大臣，官至中书令，相当于宰相。他先后历经五朝，声名显赫，清廉自守，敢说真话，因而受到时人的万分敬重。

　　北魏太武帝在位时，高允是中书侍郎，同时担任著作郎，一边教授太子写文章，一边参与编纂魏国国史。

　　当时的北魏官员没有俸禄，有的官吏实在忍受不了清苦的生活，不得不以权谋私，聚敛民财。渐渐地，这成为当时的一种风气。高允却与他们不同，为了生计，宁可让自己的孩子上山砍柴，也不贪污一分一厘的民脂民膏。他的一家人都靠着变卖柴火得到的一点儿收入生活，日子非常清苦。

　　正平二年（公元 410 年），太武帝被宦官害死，文成帝即位。高允当时极力拥立文成帝，所以得到重用，他积极进言，敢说敢讲，非常大胆，甚至不惜惹怒皇上，但也得到了皇上的尊重。

　　有一次，司徒陆丽对文成帝说：“高允深受皇帝陛下的恩宠，当上了大官，但是他家十分贫穷。他的家人只靠打柴为生，有的时候米缸都没有米，连饭都吃不上。”文成帝为了证实一下陆丽的话，就决定亲自到高允家去看看。待他看到高允家的茅草房子十分破旧，床上的棉被十分破烂，家人穿的棉衣里面是乱麻丝时，不由发出了感慨："高允这样的官员竟然清贫到这种地步了，还有谁能像他这样呢？"他下发诏令，将五百匹布、一千斛米赐给高允，同时将他的儿子高忱擢升为绥远将军、长乐太守。然而，高允谢绝了文成帝的好意。

给事中郭善阿谀奉承，三番五次提出要修建新的宫殿，供皇上享用。文成帝被说动，最终决定兴建的宫殿。这时高允出来劝阻，他说："太武帝统一北方之后，兴建了很多宫殿。永安前殿、西堂宫、紫楼，等等，无论是接见，还是休息，还是赏景，都能够满足，完全没必要再修新的宫殿。不然的话，王公大臣们也会跟着学，肯定会引起攀比浪费。再者，修建一座大宫殿至少需要两万壮丁，将会有两万个家庭因此受到牵连。这样一来，肯定会失去民心，搞不好还会影响社会稳定。"文成帝听了高允的话，立即打消了再兴建新宫殿的念头。

高允谏言时，很多时候言辞过激，大臣们都看不过去，但文成帝能够做到诚心纳谏，对此并不在乎。文成帝还时常召见高允进宫，俩人能谈论一整天，有时候甚至是连续几天。文成帝对众大臣说："我认为真正的忠臣应该像高允一样，我有做得不对的地方，他经常当面批评我，就算是我不喜欢听的，他也侃侃而谈，没有什么避讳，这说明他没把我当外人。我知道了自己的过错，改了就是，而天下人并不知道。而你们中的一些人，却希望天下人都知道朕的过错，却唯独不来告诉朕，这是反其道而行之。"

虽然，高允过得清苦，但是遇到那些有困难的人，即使是罪犯的家人，也会伸出援助之手。尚书窦瑾因为犯了死罪而被处决了，他的儿子窦遵为了躲避制裁跑到山里藏了起来，妻子焦氏则被罚到宫里做了一个婢女。后来，焦氏因为年纪太大而被逐出了宫，然而窦家的亲戚和友人却对她不管不问。高允知道之后，就把她接到了自己的家，一直照顾了她六年。之后，窦遵赶上了皇帝大赦天下，被免除了罪行，高允才把焦氏送回到窦遵身边。

到孝文帝时，高允已是将近百岁的老人，然而他思维依然活跃。后来孝文帝加封他为光禄大夫、金章紫绶，朝中的大事也都会征询他的看法。孝文帝知道高允酷爱音乐，于是下了一道旨意："高允家贫，没有乐队可供他愉悦。我决定让主管宫廷音乐的太乐署派出一支队伍，专门为高允演奏。"此外，孝文帝还赏赐给高允许多的财物，专门让人负责供应饮食。在高允病重期间，除了皇帝之外，太后以及亲王和大小官员都去探望过他。一时间，高允家的院子中放满了酒肉、粮食、衣服，等等。高允高兴地说："这样一来，我就有东西可以分给那些下属和客人了。"

高允为官几十年，直到临死之际还在坚持自己的节操。他是值得后人学习的榜样。

刚直不阿的古弼

古弼，北魏大臣，以刚毅正直著称。古弼性格过于正直，有时候连皇帝都敢得罪。明元帝因为其刚毅的性格，赐名为笔，意思是说古弼像笔一样直而有用。后改名弼。因此，熟悉古弼的人都喜欢称他为"笔公"，太武帝拓跋焘在心情好时则称他"笔头"，生气时便骂他"笔头奴"。

关于古弼秉持正义的事有很多，其中有三件最具代表性的例子：

有一年，古弼收到老百姓的投诉，说皇家园林占地太多，以至于农民无田可种，他们希望朝廷能够体谅农民的难处，分出一部分作为耕地。古弼了解情况后，当即去皇宫见皇帝拓跋焘，要把群众意见转达给皇帝。入宫后发现拓跋焘正在和一个大臣下围棋，由于正在兴头上，拓跋焘就没有搭理古弼。古弼坐了许久，看到拓跋焘丝毫没有理自己的意思。按耐不住的古弼猛地站起来，一把揪住和拓跋焘对弈的大臣的头发，把他从胡床上拉下，还狠狠地打了大臣，同时还不住口地骂着："国家大事没有治理好，就是你小子的罪过。"拓跋焘见此光景，连忙丢下棋子说："没有听爱卿奏事，都是寡人的错，和他有什么关系，快停手不要打了。"古弼见皇帝求情，才收住手。他把事情说给拓跋焘，拓跋焘同意了百姓的请求，从皇家园林里分出了一大片的耕地。事后，古弼觉得自己的举动过于失礼，就光头赤脚请拓跋焘处罚自己，拓跋焘扶起古弼，还对他说："你有什么罪过嘛，快戴上帽子，把鞋穿上。以后只要是利国利民的事情，你就不要有什么顾虑。"

还有一次，拓跋焘要外出打猎，让古弼留守京城。他让古弼选一些好马送去打猎，古弼却只挑了瘦弱不堪的老马。拓跋焘大骂古弼："这个笔头奴，竟敢捉弄我！我回去后一定要他的脑袋。"古弼手下的官吏听到皇帝这么说，内心都惊慌失措。古弼看他们这么害怕，就安慰他们："我身为人臣，不让皇帝沉迷于游猎，就算有罪，也是微不足道的。不考虑国家的安危，使军用物资匮乏，才是大罪。现在边境频繁受到外族骚扰，宋国也还没有消灭，我把好马配给军队使用是为国家安全着想，与这个相比，我死不足惜。再说这件事是我一人决定的，和你们没有半点关系，你们就不用担心了。"有人把古弼的话如实传达给拓跋焘，皇帝龙颜大悦，不住口地叹服："有臣如此，国之宝也！"不仅没有处罚古弼，还赏赐他很多财宝。

第三件事也发生在这一年，同样还和打猎有关。拓跋焘打猎战果颇丰，于是给古弼写了一封信，要他立即征发五百辆民用车来运猎物。送信的人前脚刚走，拓跋焘就猛然醒悟，因为以他对古弼的了解，古弼肯定不会照办。于是拓跋焘对随从说："笔公一定不会给我征发民车，你们就自己用马把猎物运回京城吧。"狩猎的队伍走了百来里，遇到了之前派去送信的人，车子果然一辆也没有，只有古弼的一封回信。古弼在信上说："现在正是秋收时节，农田里的庄稼经常受到飞禽走兽的破坏，加上天气不好，农民们都在这个时候用车子运送庄稼，怎么能征用来运猎物呢？请陛下暂缓几天吧。"拓跋焘看完信，笑呵呵地对随行人员说："你们看，果然不出我所料，笔公真不愧是社稷之臣啊！"

在古代官场，一个大臣如果能够对皇帝不阿谀逢迎，就可以算是一个不错的官吏，而像古弼这样为民着想，敢和皇帝"较真"的大臣，在历史上是罕见的。当然，但凡有这样的大臣，一定要有一个宽厚的君王来搭配，否则有多少个脑袋也不够砍的。而古弼就恰好遇到拓跋焘这个明君。

孔渊之类推律条

古代的统治者在制定国家律法的时候，要想对各个方面都做出规定，都将其写成法律条文，这几乎是不可能的事情。其中还是会有一些立法者没能考虑到的地方。但是要是有人犯罪了，法律条文又没有规定，这个时候该怎么办呢？对此，古代统治者就会修补完善法律。至于法官办案之时，会运用一个重要的方法——类推，通过这种方法保证法律的公平性。在法律没有明确的文字规定的情况下，比照相应的法律规定加以处理的推理，就叫类推。这种方法能修补一些法律的不足，也能更好地实现法律的正义性。

纵观我国的司法史，就会发现古代就已经有人开始运用这种方法，并且取得了成效。说到这里，有一个人不得不提，他就是南朝宋时的孔渊之。

在宋孝武帝大明年间，孔渊之被皇帝任命为尚书比部郎。上任期间，他参与了一个案子的处理。说是在安陆郡应城县的一村子中，有个村民叫张江陵，他的妻子是吴氏。两个人对母亲黄氏不孝顺，对母亲恶毒辱骂，甚至还骂她早点死。母亲黄氏受不了他们的言语的侮辱，就选择了自缢。村子里的里正看到黄氏死了，于是赶紧去县衙报了案。县令立刻派衙门的官差将张江陵和吴氏抓来审问。经过一番审讯，县令下令先将两个人关进了大牢。可是没多久，皇帝为了彰显仁德而大赦天下。这个时候县衙对张江陵夫妇二人的罪行发了愁，不知道该不该也赦免了他们。因为当时有法律明文规定："只要是儿子杀害父母或是将父母打伤了，那么就应该杀头。"

县令面对的情况是：张江陵辱骂了母亲黄氏，并且黄氏因为他的辱骂而上吊了，应该说张江陵的罪行比打伤父母的后果更要严重。但是按照杀死父母的律条处理张江陵的话，这个罪行就重了一点儿。如果按照打伤、辱骂父母的条律处理，又感觉判罚的很轻。故此县令是左右为难。朝廷还有法律规定："如果殴打父母，即使遇到大赦也应该按杀头的律条处理。"可是对于这种骂死父母，并且又遇到国家大赦的情况，在法律中却是没有明文规定。县令拿不准主意，于是就向上级汇报了这个案件的情况。

孔渊之对此做出了回应："法律规定儿子不能打骂自己的父母。张江陵因为用恶毒的言语辱骂自己的母亲，使得黄氏上吊自杀，应该按照殴打父母即使遇上大赦也应该按杀头的律条给予他处罚。而张江陵的妻子吴氏，因为法律没有规定儿媳妇毒骂婆婆该判什么样的罪，所以不能判她死刑，可以对她另加处理。"宋孝武帝看到了孔渊之的判决，认为他判得很公平。于是就按照孔渊之的意思将张江陵依法处死。至于张江陵的妻子虽然是免于一死，可是也受到了应有的惩罚。

孔渊之处理的这个案子，其犯罪人的罪行是没有明确的国家法律条文规定的。但是孔渊之却是通过类推律条，最终使得这个案子完美结案。

断案如神的傅琰

南朝宋代的武康县，有个叫傅琰的县令，断案迅捷，公正严明。后来到了齐代，傅琰被齐武帝调为山阴县令。根据史料记载，在山阴县做县令后，傅琰断案神明，当地没有一个人敢于行窃。

有一次，为了一团棉丝，两个老太太争执不下。于是，她们请来了傅琰，主持公道。当着傅琰的面，平日和睦相处的两个老太太，互不相让，谁都说那团棉丝是自己的。

然而，那团棉丝上面并没有明显的特征，也没有什么人证可以证明。因此，这件案子具有相当的难度。傅琰问了两位老太太很多问题。其中，有一点引起了他的注意，那就是两位老太太，一个是买糖的，一个是卖铁的。

了解这一点后，傅琰突然当着众人的面，要手下的一个差役，拿起一根鞭子抽打那团挂在堂柱上的棉丝。看到这种情景，围观的民众大为不解，都不知道傅琰要干什么。

过了一会儿，棉丝的下方，点点滴滴，落下了一些东西。人们走近一看，原来是铁屑。这时候，围观的民众才突然醒悟。事已至此，这件案子差不多水落石出了。见此情景，那个卖糖的老太太，只得主动承认自己见财眼开，心甘情愿接受处罚。

还有一次，相邻村舍的两位村民，为了争夺一只鸡，也请来了傅琰断案。见到二人，傅琰问他们给鸡喂吃了什么东西。两人中一个说喂了豆子，另外一个说喂了谷子。于是，傅琰当场让人杀鸡查看。结果，鸡肚子里是谷子，于是傅琰判那个说豆子的人有罪。

傅琰审理案件，很少出现冤假错案，而且能够严格执法，在当时已经被人们传为佳话。他的儿子后来也在山阴县当县令，政绩颇佳，使得山阴县很少出现社会不安的现象。

后来，有人问傅琰，断案执法到底有没有什么秘诀。傅琰回答说，并没有什么特别的妙法，无非是做到清廉与勤恳而已。

廉洁爱民的孙谦

　　孙谦，字长逊，东莞莒县人。从 17 岁入仕，一直到 92 岁离世，历经宋、齐、梁三朝，为官数十载，一生清廉节俭，奉公守法，为民谋利，留下了不少良政廉迹。

　　孙谦在 17 岁时就已经任左军行参军，尽管年纪轻轻，但待人处事都极为成熟老练，得到其他人的一致好评。宋江夏王刘义恭，听说孙谦的德才，就录用他为行参军，之后又让其出任过句容令。因为孙谦学识渊博且为人谨慎清廉，所以被当地百姓当做神灵一样崇拜。

　　宋明帝时，因建安王的推荐，孙谦被任命为巴东与建平两个郡太守。巴东、建平两郡地处长江三峡，是少数民族的聚居区。在孙谦之前，郡县官府视少数民族为蛮夷，不仅苛捐杂税以中饱私囊，还将那里的百姓当作牲口，运到京师等地当奴隶，牟取暴利。百姓实在熬不住，不断地组织武装反抗。因为到此地为官危险重重，在孙谦上任的时候，朝廷特地给他拨了一千兵士做护卫，孙谦却以"为国省财"为由拒绝了。

　　由于地处长江三峡，境内居住着不好管理的蛮僚等少数民族。对待这些民族，以往的太守都是采取大力镇压的方法，结果造成民族矛盾突出，社会治安更差。孙谦到任后，立即释放了前任太守抓获的少数民族。他改变了从前官吏的做法，效仿诸葛亮对少数民族的政策，采用攻心为上的方法。对少数民族推行仁政，在尊重少数民族风俗的基础上对他们施以教化，使一向与政府对抗的少数民族心悦诚服，纷纷献出金银珠宝，但都被孙谦一一婉言谢绝。他不仅免除了自己俸禄中收取本地的部分，还尽力减轻辖区内老百姓的负担。在孙谦的治理下，两个郡连续三年风平浪静。

由于孙谦为人正直，建平王在叛乱之前顾及孙谦的品行，就找了一个借口把孙谦支开。孙谦离开后，建平王才放心大胆地叛乱。正因为这样，叛乱平息后，孙谦才得以安然无恙，没有受到任何牵连。

齐高帝时，孙谦担任钱唐令。为政期间，他把烦杂的事务化繁为简，大大提高了工作效率，最后不仅把多年积累的案子全部解决，连等待判决的囚犯都没有了，因此监狱里空空荡荡。

孙谦因为没有自己的府邸，每次离职，都没有住的地方，甚至有的时候要在官府内空着的车棚里借住。他生活非常俭朴，床边只用苇子或竹编的粗席子当屏风。冬天的时候，铺的是草席，盖的是平民百姓用的粗布棉被。夏天的时候，蚊虫肆虐，他却连蚊帐都舍不得用。

梁武帝时，孙谦已经八十多岁，他却依然担当零陵太守的重任。尽管自己年事已高，却没有放松要求，还是勤勤恳恳地工作。连老虎伤人这样的事情，他也认真对待，多次召集下属就消除虎患的事情进行开会讨论，直至老虎被彻底消灭，孙谦才放下心来。

天监十五年（公元 516 年），孙谦已经 92 岁，身体一日不如一日。他自知寿限已到，将不久于人世。为了将自己廉洁的品行一直保持下去，他给儿子留下遗书："我这一辈子，从不曾追求荣华富贵，也没想着出人头地。历仕三代，官成两朝，如此声名地位，按照朝中的惯例，很可能会在我死后有所封赏。为了能将节俭的品行保持下去，我死之后，你们要立即将我下葬。下葬的时候，幅巾束发，免冠即可。棺材不用太大，能放下我的身体就行，墓穴也不必奢华，能放进棺就行。送葬时用不着筹备那些引路用的鬼幡，灵车就用我平时坐的车，灵床就用我睡觉的床，把这些东西弄些粗制竹席稍事装点，礼节到了就可以了。其他的东西都免了吧。"孙谦死后，他的儿子们遵照这个遗嘱为他送葬，让他的清廉气节保持到了最后。

执法公正的李冲

　　李冲北魏人，出生在陇西一个很有名望的汉族世家。在他小的时候，父母就去世了，是他的长兄李承将他抚养长大。李承是一个有智慧，并且执政严明的人。他在当时受到朝廷的器重，被任命为荥阳太守。李承常对别人说："我弟弟李冲的气度不同于一般的人，将来一定能将我们李家的门楣光大。"李冲后来的经历证实了李承先前说的话并非虚言。

　　李冲走向仕途之后，针对社会上的一些弊端，向皇帝提出要实行三长制。即五家为一邻、五邻为一里、五里为一党的三级管理体制。皇帝采纳了他的建议，并且在全国推行开来。结果，政府办起事情来方便得多了，老百姓也从中得到了很多实惠。

　　没多久，皇帝任命李冲当了中书令，专门负责起草、传达和宣读皇帝的诏令。之后皇帝又加封他为官散骑常侍，主要给皇帝的过失提出意见，劝导皇帝改正错误的行为。后来，李冲又被赐予爵位，并且深受冯太后的宠信。至此他位极人臣。

　　李冲虽然取得了很高的政治地位，但是他不会因为自己位高权重而使法律失去了公正。

　　李冲有一个哥哥叫李佐，曾经同河南太守来崇一路从西凉来到北魏的都城，投靠了北魏。虽然两个人共同患过难，但是他们在日常生活中，还是有一些小矛盾。李佐心胸狭隘，容不下来崇，于是他挑起事端诬告来崇。结果，来崇被关进了大牢，并且死在了监狱里。

来崇的儿子叫来户，他知道是李佐陷害他的父亲之后，就想报复李佐。当时李冲执掌朝政的时候，来户才是一个小小的尚书南部郎。但是为了报仇，来户还是冒着风险，花费了众多的精力和时间搜集了李佐贪赃枉法的证据，之后去官府告发了李佐。官府判了李佐一个贪赃罪，并且其家族成员也都被关进监狱。之后赶上皇帝大赦天下，李佐一家才被免除刑罚。

后来，来户犯了贪污受贿的罪，经过查证，确实属实。李佐借着这次事件，强烈建议弟弟判处他死罪，也算是为自己报仇。来户以为自己一定没有活下去的希望了，然而出乎他意料的是，李冲没有对来户落井下石。他将两家的仇怨的前前后后都一五一十地上报给了朝廷，并且请求皇帝开恩宽恕来户一回。皇帝看了李冲的上奏，觉得李冲深明事理不公报私仇，于是就采纳了李冲的建议，赦免了来户的死罪。

李冲有一个外甥叫阴始孙。他也是很小的时候就失去了父母。由于他经常去李冲家走动，李冲也就将他当成自己亲生的来看待。有一个人想要通过李冲谋取一官半职，但是没有门路，于是就瞄准了阴始孙，想让他帮忙。那个人找到阴始孙，请求他将自己买来的好马献给李冲。阴始孙没经过李冲的同意就答应了这个人的请求。可是那个人等了几天，也不见李冲提拔自己，因而心里很纳闷儿。有一次，李冲出行，骑的正是那匹行贿的马。那个行贿之人看到之后，立即上前将李冲拦了下来，告诉了他真相。李冲听完之后非常生气，下令将阴始孙逮住，并且依法判他死刑。

李冲身居高位，既不包庇自己的亲人，也不以强权报复别人。他执法的胸怀让人肃然起敬。

魏孝文帝推行均田制

北魏统一北方之前，由于战争不断，百姓流离失所，土地荒芜以致"千里无烟"。在社会秩序混乱的同时，富强地主趁机兼并土地。北魏初年，为了稳定统治，便于征徭征税，道武帝拓跋珪施行"宗主督护制"，即让一个地区的世家大族间接充当政府的地方官，负责赋税征收。在"宗主督护制"的庇护下，豪强地主和"宗主"相互勾结，把赋税转嫁给平民百姓。百姓赋役沉重，逃亡更甚，由此进一步影响了政府的税收。为了改变这种状况，太和九年（485年），孝文帝采纳大臣李安世的建议，施行均田制，进行了土地分配和赋税征收的综合改革。

均田制规定：

（1）凡15岁以上的男子，每人可以获得露田（未种树的无主土地）40亩，成家后他的老婆另外可以分得20亩。拥有奴婢和耕牛的富裕之家，可以额外获得土地，一头牛可以多获得30亩露田，一户仅限4头牛的额外露田亩数。所有获得的露田，不允许私自买卖，一旦户主老死就被归为官府所有。

（2）凡初受田者（之前没有田产），在第一条制度上另有优惠：在适宜种桑的地区，男子可以多得桑田20亩。这20亩的桑田在前三年内必须用来种植桑树、枣树、榆树等可以生产衣服原料的农作物。在不宜种桑的地区，初受田的男子每人可以多得 10 亩，女子多得 5 亩，用来种麻。原有田产的家庭，如果桑田已超过应授田数，则按多退少补的原则，多了允许卖出，少了可以买进。桑田麻田都算为自家的永久产业，但只允许买卖其中超出或不足的一部分。

（3）凡没有固定居所的农民家庭，如果是三口之家可以获得一亩宅田，如果是奴婢家庭，则五口人可获得一亩宅田。宅田用来修筑房屋，同样属于可传承的产业。

（4）原则上未满 15 岁不授田，但如果一家全是老小残疾的，则 11 岁以上及残废者各受丁男一半之田即 20 亩。此外，年过 70 的老人依旧可以持有原有露田，寡妇在免税的情况下也可以持有露田 20 亩。

（5）各级地方官吏按照官职高低获得对应的公田，刺史十五顷，太守十顷，治中、别驾各八顷，县令、郡丞六顷。官职更替时，公田交接给下一任官员，不许出卖。

均田制施行后，在一定程度上对富豪官绅兼并土地的行为给予了打击，使得百姓能够相对稳定地拥有耕田。这样不仅为农业生产奠定了基础，也有利于北魏政府更好地控制人口数目，以进行赋税征收。为了配合均田制的实施，孝文帝进一步改善赋税的征收制度，取消原先采取的"宗主督护制"，代以"三长制"。"三长"是指负责管理五户人家的"邻长"，负责管理"五邻"即 25 户人家的的"里长"，以及管理"五里"即 125 户人家的的"党长"。设立"三长"后，由政府直接管理赋税征收事宜，"宗主"及其维护的豪强地主无法再接"宗主督护制"隐匿土地逃避税收，使得国家的财政收入进一步提高。

在"三长制"之后，孝文帝又制定和推行了"新租调制"，在原来的租调制基础上降低了农民的租调税额。之前的租调制度规定，每户每年需缴纳帛二匹、絮二斤、丝一斤、粟二十石——此为"租"，另外，每人又征税帛一匹二丈以供政府临时所需，此为"调"。施行新的租调制后，一对夫妇每年只需缴纳粟 2 石、调帛或布 1 匹，租调额相当远之前的二分之一，农民负担相对减轻。

在孝文帝施行"均田制"、"三长制"及"新租调制"的改革下，农民不再"弃卖田宅，漂居异乡"。百姓纷纷回归到土地进行耕作，国家的人口数量也变多。又因为百姓承担的赋税有所减轻，国家的税收工作也更加顺利，税额收入因此大大提高。以均田制为中心的一整套经济制度，大大提高了农民生产的积极性，有力促进了北魏经济的恢复和发展。

李崇破案

　　李崇是北魏的一代名臣，历经孝文帝、宣武帝、孝明帝三朝，曾经治理过八个州郡，五次做大将。他不但文治武功都十分卓越，而且还精通断狱和审判。在那个断案技术缺乏的年代，他发挥自己的聪明才智，破了很多案子。

　　李崇当刺史时，管辖的寿春县有一个叫苟泰的人。有一次苟泰遇到了强盗，其三岁的孩子在混乱之中失踪了。苟泰找了好几年，都没有孩子的消息。有一天，他在当地赵奉伯的家里发现了自己的孩子，要求赵奉伯归还；但是赵奉伯一口咬定那是自己的孩子。为此两个人闹到了公堂上，还各自找来了证人。当时无论是县里还是郡里的官员，都不能决断这个案子，只好上报给了刺史李崇。接到这个案子后，李崇略微思考了一下说："这件事情其实很简单。传我的命令，苟泰和赵奉伯同那个孩子分开，再也不准见面。"十几天后，李崇派了两个人分别去通知苟泰和赵奉伯，说："你的孩子得了一场重病，已经死了好几天了。现在你们可以去办理他的后事了。"赵奉伯听到这个消息之后，一点儿伤心的意思也没有，只是叹了一口气，而苟泰则是伤心不已，大声痛哭起来。派出去的两个人，分别将苟泰和赵奉伯的表现告诉了李崇。经过一番分析之后，李崇做出了决定，将那个孩子判给了苟泰，同时又判了赵奉伯一个欺诈罪。事情到了这个地步，赵奉伯就只好老实交待了自己的罪行。原来他也丢了儿子，正好赶上苟泰也丢了儿子，于是他就把苟泰的儿子弄回来当成自己的养。

还有一次，李崇也是发挥自己的才智，断了一个案子。定州有一对兄弟，老大叫谢庆宾，老二叫谢思安。他们都犯了罪，被判处流刑要去扬州充军。解思安不想去服劳役，于是就偷偷跑了回来。老大知道之后，认为这件事情很严重，但是为了让弟弟免除责罚，就去官府注销了弟弟的户籍。之后老大来到了城外，将一具死尸当做自己的弟弟。他对别人说弟弟被别人杀害了，现在要将尸体运到家里，将弟弟安葬。说来也巧，这具尸体的相貌跟解思安的相貌相差无几，很多人都分辨不出来到底是不是真的解思安。当时有一个女巫，她说自己遇到了鬼，并且将解思安遇害时候的情景描述给大家。这样一来大家都相信那个尸体就是解思安。后来老大告了同为发配充军的苏显甫、李盖一状，说是他们将自己的弟弟杀害了。州郡的官员审理了这个案子，他们对被告二人实行了严刑，二人受不了皮肉之苦，于是就承认杀了解思安。

州郡的官员得到了他们的供词，上报给了李崇，希望能早点了结这个案子。但是李崇发现这个案子还有很多疑点，因而就推迟了结案的日期。李崇秘密地派出去当地人不认识的两人，让他俩对外人自称是从外地来的。他们找到了老大谢庆宾，说："我们也是这个州的人，曾经遇到一个人到我们村中投宿。通过聊天，我们知道他是一个被发配的犯人，是为了不服劳役才逃跑的。他叫解思安。我们想要通知官府将他缉捕归案，但是他跪下求我们放他一马。解思安告诉我们说：'我有一个哥哥叫谢庆宾，他住在哪儿哪儿。你们找到他，就将我的情况告诉他，相信他一定会重金酬谢你们的。现在我也逃不了，如果你们没能从哥哥那边得到好处，之后再让官差来抓我也不迟啊。'所以，我们来找你告诉你家老二的情况。你觉得放你弟弟一马需要多少钱财就去准备吧，如果不相信我们说的话，就跟我们回去，看看你弟弟是不是在我们那边。"谢庆宾听了之后，脸色不那么淡定了。他说："你们等一下，我去准备钱。"之后这两个差役将详情上报给了李崇。李崇立即下令让官差将谢庆宾逮捕。

审理谢庆宾的时候，李崇说："你弟弟在充军的途中就逃跑了，你冒领别人的尸体，是何居心？"谢庆宾见事情已经败露，就只好全部都招了。李崇又审问了李盖二人，他们说自己受不了刑，就屈打成招了。李崇立即给他们平了反，让他们回家去了。又过了几天，老二解思安被缉拿归案，关进了大牢。同时李崇将那个妖言惑众的女巫传来，抽了她一百鞭子。自此，这个案子完美结案。

不恤民情的萧宝卷

萧宝卷是南齐明帝萧鸾第二子。因为昏庸无道，才得到"东昏侯"的谥号。

萧宝卷的行为荒唐至极，有一次"突发奇想"将平定叛乱的功臣全部杀掉。朝中官员们对待萧宝卷，从来都是战战兢兢。由于萧宝卷经常在天亮后睡觉，因此在傍晚时上朝，如果有了其他想法，就把上朝的事情忘在脑后，这可苦了那些从早上一直等到晚上的大臣们。可没有皇帝批准，谁也不敢擅自离开。

齐武帝在位时曾经修建了一座兴光楼，屋顶是用青漆粉刷的。萧宝卷觉得兴光楼应该采用琉璃瓦作为屋顶。有一年，宫中发生了火灾。萧宝卷不仅不派人救火，还禁止打开宫门。结果三千间房屋被大火化为乌有，宫里的人被活活烧死。萧宝卷以这次火灾为借口，大肆修建宫殿，修建起很多富丽堂皇的宫殿，每座宫殿都用金银珠宝作为装饰品。

萧宝卷不仅喜欢大兴土木，还不惜花费巨资来建造园林。由于天气炎热，经常出现早上栽好的树到了晚上就枯死的现象，工匠们不敢指出萧宝卷的错误，只好不停地把死树搬出来，把活树栽下去，结果可想而知，栽种的树木全部枯萎。因为缺少大树，萧宝卷就派人把百姓家里的树挪到自己的园林里，结果造成很多百姓的院落被破坏。

萧宝卷的荒淫无度不止体现在宫廷里，还遍及各地。他每次出宫游山玩水都会大张旗鼓，用最名贵的锦锻在道路旁做成帐幔，随行人员除了护卫的军队，还要有乐队。百姓如果敢接近帐幔，就会被当即处死。因此百姓只要一听到萧宝卷乐队的声音，就会吓得四散奔逃，萧宝卷也是得意洋洋。

有一次出游时，恰好遇到一个临产的孕妇。萧宝卷就让随从猜测胎儿的性别。随从们说什么的都有，为了验证他们的结论，萧宝卷竟然拿剑剖开了孕妇的肚子。还有一次，他去打猎时遇到一个躲闪不及的老和尚。萧宝卷不由分说就命令手下一齐向老和尚射箭，把老和尚射成了刺猬。萧宝卷自己也拿起弓箭在老和尚的头上补射了好几箭。

萧宝卷这种草菅人命的做法，激起了老百姓的愤恨，连手下的官员都义愤填膺。

后来，萧宝卷无缘无故地毒死了忠臣萧懿。萧懿的弟弟萧衍听说哥哥被萧宝卷毒死，便在襄阳召集人马，浩浩荡荡地向建康杀来，把建康城围得水泄不通。此时城中还有七万守军，如果妥善调用还不至于陷落。可萧宝卷在这个危急时刻还没有清醒过来，竟然在生死存亡的时刻玩起打仗的游戏，他的荒唐使得守军的士气更加消沉。别看萧宝卷吃喝玩乐不心疼钱，但在保家卫国时，却变成了铁公鸡。当时城里存放着数百张大木板，将士们利用木板加固防守，萧宝卷死活就是不批准，但又拿出财物装饰铠甲，以备守城胜利后使用。很多将士知道后都愤愤不已，打算弃城逃跑。多行不义必自毙，无道的萧宝卷终于在一天晚上，被手下的宦官杀死。

"风月尚书"徐勉

徐勉是南朝著名的政治家，年轻时在齐朝担任过镇军参军、尚书殿中郎、领军长史，后来又在梁朝担任管书记、中书侍郎、谘议参军。他为官多年，一直廉洁自律，勤于政事，被称为"风月尚书"。

徐勉之所以被称为"风月尚书"，是因为他在做尚书时，为拒绝朋友求官，对朋友说，"今夕只可谈风月，不宜及公事"。

这件事是这样的：

公元507年，徐勉被任命为吏部尚书，主管官员任免。徐勉当上吏部尚书后，很多势利小人来到他家中献殷勤，有些厚颜无耻的人竟公然向他要官。徐勉知道，自己不能用手中的权利来谋求私利，所以他没有给任何人官位。徐勉有一个朋友叫虞暠，这个人仗着自己与徐勉关系密切，便让徐勉给他一个大官做。徐勉非常严肃地对他说："今夕只可谈风月，不宜及公事。"他的意思是：今天晚上只能谈论美景，不应该谈公事。徐勉这样说，就是委婉地回绝对方。虞暠见徐勉态度坚决，只能非常失望地离开了。人们知道这件事后，都非常佩服徐勉的廉洁无私，并把他称为"风月尚书"。

徐勉为官清廉，尽职尽责的事例还有很多。

公元502年，梁武帝任命徐勉为黄门侍郎、尚书吏部郎。当时梁朝刚刚建立不久，梁武帝又率领大军北伐，朝中有很多事情需要处理。作为吏部重要官员的徐勉深得梁武帝的信任，梁武帝让他负责处理军事往来的书信。徐勉知道自己肩负着重要的责任，所以更加勤勉地工作，经常几十天才回家一次。他家里养了一群狗。这些狗由于隔很长时间才能够见到徐勉一次，所以便把自己的主人当成了陌生人。每次徐勉回家，它们就对着他狂叫不止，让徐勉觉得又可气又好笑。有一次，徐勉非常无奈地感慨道："我为国家大事操劳，经常很长时间不回家，这才导致这种事发生。我去世之后，如果有人为我写传记，我家的狗把我当成陌生人，对我狂吠这件事倒是值得一记。"

徐勉虽然一直身居高位，但他清廉如水，从来以权谋私，接受别人的贿赂，还经常把自己的俸禄分给同族的贫困者，所以他的家里十分清贫，没有任何积蓄。一些好心人发现他家里一贫如洗后，便劝说他多为子孙后代着想，经营一些产业。

徐勉义正词严地回答说："别人死后，把财富留给子孙；我死之后，把清白留给子孙。我的子孙如果有才能，就一定能置办家产，如果没有才能，那么即使我留给他们财产，到头来也会被其他人占有。"

徐勉的话并不是他故作清高才这样说的，而是他真实想法的表露。他在给儿子写的一封家书中这样写道："我家一向十分清廉，因此经常过着非常俭朴的生活。至于产业的事情，不但没有经营过，甚至从来就没有提起过。古人说：'死后把清白留给子孙，不也是一笔丰厚的遗产吗？'古人还说过：'死后留给子孙大量黄金，还不如留给他们一本经书。'仔细地推敲这些话，就会觉得它们的确很有道理。我虽然不聪明，但也想遵从古人的教诲。现在我只希望你能够让我的愿望得以实现，如果那样的话，我就可以含笑九泉了。"

徐勉虽然做了很多年官，也曾做过吏部尚书这样的高官，但是他清正廉洁，把心思全部放在为国效劳上，没有经营过任何产业，家里没有积蓄，还经常用自己的俸禄接济贫困的亲友。因此，在他去世后，梁武帝痛哭流涕，亲自为他送葬。

清廉的徐勉还受到了后世的称赞。陈朝的吏部尚书姚察对徐勉做出了这样的评价：徐勉年少时就养成了高尚的品质，受到朝廷的重用后，勤勤恳恳地为朝廷办事；他为官清廉，从不以权谋私，从而赢得了清廉的美名。《资治通鉴》也给予了徐勉非常高的评价，称梁朝只有徐勉和范云称得上是贤相。

何远不改廉洁之心

何远是南朝一个官员，其清廉公正，在当时无人能及。他曾先后出任数郡太守，纵然任职期间会面对许多诱惑，但是他始终坚持自己的廉洁之心。

何远在武昌任职之时，认真履行自己的职责，丝毫不受亲朋好友或是百姓的馈赠。当时武昌地区饮用的是长江水，每当夏天来临的时候，江水会变得很热，不适合饮用。何远为了消暑，就花钱购买百姓井中的凉水。老百姓要是不收他的钱的话，他就会将水还给那个百姓。何远不白喝百姓的水，给当地的百姓留下了一个好印象。何远的马车和服装也都十分破旧，家中也没有一件铜制的器物或是漆器。此外，当地具有淡水湖优势，因而水产品十分丰富，价钱还不贵；可是何远每次吃饭，也就是只吃一点儿干鱼片，并且要求家人也这样做。

后来，何远被任命为武康令。到了新的任上，何远仍然保持着自己清廉的节操，为当地树立了一个榜样。在当政期间，他废除了一些不合礼制的祭祀，使得社会秩序明显好转，因而当地百姓都十分高兴。有一次，太守大人王彬到下属的各个县去视察工作，每到一个县都会受到当地官员的热情接待。然而王彬到了武康县后，何远没有大摆筵席，只是为他准备了一些简单的饭食。等到王彬视察完毕离去之时，何远也没有对他有所表示，仅仅送了一点儿酒和一只烧鹅。王彬没有怪罪何远，开了一个玩笑说："要是古人知道你送给我的礼物，比东晋的陆纳还要珍贵，就会嘲笑你吧。"后来，梁武帝得知何远清明能干，就直接提拔他当了宣城太守。

清廉的何远为百姓做了不少好事。在任之时，何远大力修治了街巷、房屋、市场、城墙、官家仓库，等等。此外他还拿出自己的田秩俸钱，替那些最贫困的百姓交税，并且一直坚持了很长时间。百姓们为了纪念何远，为他建立了生祠，并将他的政绩上报给了皇帝。梁武帝知道之后，龙颜大悦，于是就颁布诏令褒奖了何远。梁武帝下诏说："何远治理武康的时候，就因为清廉公平受到百姓的爱戴；而今他又治理州郡，更是不忘自己的操守，恩惠百姓。他的贤良是古代的太守们不能比拟的。为了表彰他的政绩，我提拔他为给事黄门侍郎。"

《梁书》说：以前的朝代都会出现良臣，这是什么原因呢？是社会风气使然。梁朝建立之后，统治者用孝悌来教化百姓，鼓励他们从事农业生产。统治者以身作则，以节俭为荣，带头穿着粗布衣服，皇宫中也没有珠玑碧玉。官府装饰得也十分简约，一点也不华丽。国家任用官吏，总会挑选那些廉洁公正的人。何远受到皇帝的赏识，就是因为他是一个清官的缘故。

骄奢淫逸的胡太后

北魏孝文帝死后，孝武帝执政，北魏由最初的强盛逐渐走向衰落。孝武帝去世后，年仅五岁的元诩即位，是为孝明帝。就像大多数幼年登基的皇帝一样，孝明帝成了母亲胡太后的政治傀儡。

胡太后是北魏晚期政治舞台上的活跃人物。她取代儿子摄政十三年。她大力推行佛教，使北魏晚期佛教盛极一时，著名的龙门石窟开凿与孝文帝时期，到胡太后统治时期达到高峰。

胡太后是个虔诚的佛教徒，为了表示自己的诚心，穷奢极欲的她在皇宫旁边修建了著名的永宁寺。根据史料记载，永宁寺周围筑有围墙，墙上有覆盖瓦片的木椽，规格和当时皇宫的宫墙一样。寺院四个方向各建有一座山门。永宁寺的范围比今天的白马寺还要大三分之二以上，寺里有一千多个房间，而且全部由锦绣装饰。永宁寺中的佛像都是用金玉雕琢的，其中有一座佛像竟然高达一丈八尺。在寺院中心建有一座高达百丈的九层木塔，比举世闻名的应县木塔还要高出一倍。塔顶悬有金铃，大小如坛子，上下共有一百二十个，在寂静无声的夜晚能够传到十里开外的地方。永宁寺规模宏大的佛教建筑和高大的木塔，在中国古代建筑史上是独一无二的。

还有一次，胡太后在国库里看到了无数绫罗绸缎，可根本进不了她的法眼。看着属不清的绸缎，一个坏主意在她的脑子里形成。胡太后派人把大臣们统统叫到国库，说要把这些绸缎赏赐给他们。就在大臣们心花怒放的时候，胡太后突然提出了一个要求，原来每个人只能自己拿，拿走的数量多少取决于每个人的力量大小。这些养尊处优的大臣们一个比一个虚弱，手无缚鸡之力，根本就拿不了多少。有几个刚迈步就一头摔倒，还摔伤了身体。胡太后看着大臣们一个个狼狈不堪的样子，笑不可支，就把绸缎全都收了回来。

上梁不正下梁歪，有胡太后这样穷奢极欲的主子，朝廷的大臣们也都变得奢侈起来。河间王元琛家里的食器都是使用价格高昂的水晶或玛瑙制作的。有一次元琛把章武王元融带到家里，对他说："晋朝有石崇和人斗富，和我的财富相比，他太小儿科了。"元融看到元琛的财宝比自己多，竟然难过得起不了床。其实财富不在元琛之下的贵族还有很多。

为了拥有更多的财富，很多官员开始肆无忌惮地敛财。元晖担任吏部尚书时，竟然公开卖官鬻爵，而且每个官职都会明码标价。在当时，卖官斗富的现象蔚然成风，蔓延整个上层社会。

中央官员起到了"模范带头作用"，中下层官员也纷纷效仿。地方官加大了对老百姓征税的金额和次数，还无中生有的编造了一些项目。为了解决温饱问题，很多无家可归的农民都通过出家来逃避繁重的赋税。随着阶级矛盾的加深，在523年爆发了"六镇起义"。虽然起义还是被镇压下去，但北魏朝廷从此变得更加风雨飘摇，距离覆没为期不远了。

无私无畏的元澄

    元澄是北魏的著名大臣。在元澄的支持下，孝文帝才下定决心迁都洛阳并采取了一系列汉化改革。

    元澄在担任徐州刺史时，政绩突出，深受徐州百姓的欢迎。此时，孝文帝正为改革的事情发愁。原来孝文帝从很小的时候就深受汉文化影响，他在登基后，希望通过推行汉化来振兴北魏。可是，在满朝文武中，孝文帝竟然没有找到一个志同道合的人。于是在听说元澄的政绩后，就召见了他。

    孝文帝一见到元澄，就开门见山地问："当年郑国的子产铸刑书，晋国的叔向却非常不赞成。这两个人可都是历史上著名的贤臣，你认为二人到底孰对孰错？"元澄哈哈一笑，回答道："郑国在诸国当中属于较小的国家，它的四面都是强国，整日处于强敌的威胁中，如果想治理好国家，就不得不借助法律的力量。因此子产的做法并没有错。叔向是那种遵从传统的人，适合坐而论道，但关于变革之类的事情，还是应该学习子产这样的人。"元澄的话正中孝文帝下怀，于是就得到重用，很快就成为北魏的丞相。元澄也不负所托，协助孝文帝进行了大刀阔斧的改革，取得了丰硕的成果。

    孝文帝驾崩后，一直担任要职的元澄遭到排挤。尽管如此，元澄还是对政务念念不忘，关心国家大事。很多人在官场这个大染缸里待得久了，都会染上各种各样的不良习惯，但元澄却至始至终保持清廉的本色。他在担任定州刺史时，看到定州的老百姓饱受征调的痛苦。为了解决这个难题，元澄开始施行他一向擅长的德治与法治互补的治世方针，一方面对征调进行酌情减免，同时又制定了明确的赏罚方法。在元澄担任定州刺史的时间里，当地百姓生活富足，对元澄都感恩戴德。

到后来胡太后独揽朝政时，北魏政权已经风雨飘摇，但年迈的元澄还是殚精竭虑，试图重振国威。他曾经向胡太后上奏《训诂》和《皇诰宗制》，希望她能引以为鉴，同时还提出了十条利于国家发展和百姓幸福的纲领：统一全国的度量衡；兴办学校；以开明的政策选拔人才；不随意找理由征收租税；对地方官员的考核要赏罚分明；对逃到外地的人的赋税要有人代交；对边防将士要有详细的登记，那些家庭成员有从边境逃跑的，要有其他家人代替；世代从事工商业的家庭可以免除租税；地方最高长官不能相互勾结或者私自世袭官位；保卫中央的军队在边防告急时可以开赴前线。很可惜，元澄利国利民的方案并没有被统治者采用。

元澄一向注重国防建设，可朝廷对边防的将士却是漠不关心。看到这个情况，元澄忧心忡忡，他害怕这样发展下去，边境的安全将成为国家安全的巨大隐患。他向胡太后提出建议，但再次被胡太后驳回。果不其然，边境的一个少数民族大举入侵，使北魏遭到重创。战争使无数百姓流亡，他们连最基本的生活保障都没有。爱民如子的元澄看到很多百姓死于饥寒，就上书胡太后调运粮食赈济百姓。

当时，胡太后为首的统治阶级都热衷佛事，宁可把大笔资金花费在修建寺院佛塔，也舍不得用来改善民生。元澄眼看老百姓生活在繁杂的赋税和无止境的劳役之中，再加上边境吃紧，国库空虚，他又上奏胡太后，希望她不要大兴土木，把钱聚集起来，以免今后用钱的时候拿不出来。还好，胡太后这次倒是有些人性，没有直接拒绝这个耿直老臣的建议，用赞赏的态度与他交换了意见。虽然最终还是没有采纳，但从此以后，却经常把元澄叫到自己身边共商国是。

当时的北魏政权已经是千疮百孔，摇摇欲坠。因此这个一生都在为国家操劳的大臣，虽然能力出众，凭借一己之力也难以力挽狂澜。尽管如此，元澄还是用自己对国家对百姓的赤胆忠心，对北魏的政治、外交、军事、经济和文化提出自己的真知灼见，客观上对国家和百姓都是大有裨益，也从某种程度上使得即将垮塌的北魏多苟延残喘了几年。

公元 519 年，一代名相元澄因病辞世，享年五十三岁。他在下葬时，连一向待人冷淡的胡太后都泪流满面，在场的文武大臣们无不唏嘘。葬礼规格之高，也算是对元澄一生为国为民的最好评价。

苏琼悬瓜

一名官员，在他离任时，能够受到百姓的欢送，这就能证明他是一名清官，一名为百姓做了很多好事的官员。南北朝时期北齐的苏琼就是一名这样的官员。

苏琼是长乐武强（今属河北）人，自幼聪慧过人，才华出众。他曾跟随父亲前往边境，与父亲一起拜见荆州刺史曹芝。曹芝看到他虽然年龄不大，却十分聪明伶俐，就非常喜欢他，还跟他开玩笑说："如果你有当官的想法，你可以对我说，我可以提拔你。"

苏琼马上回答说："大人，您不能这样做。优秀的官员，应当根据官职的需要来选拔优秀的人才，而不应当因为人的要求而设置官职。"

苏琼的回答让曹芝大吃一惊。曹芝根本没有想到年纪轻轻的苏琼会有这样精辟的见解，他觉得苏琼是一个难得的人才，所以就让苏琼留在自己的将军府担任长流参军。

后来，朝廷任命苏琼为南清河郡太守。在苏琼到任之前，南清河郡社会治安非常差，盗贼横行，当地百姓苦不堪言。苏琼上任后，大力整治社会治安，严厉打击盗贼，使得盗贼销声匿迹。另外，当地的官员贪污受贿本来非常严重，苏琼到任后，一方面整顿吏治，以严厉的手段打击贪官污吏；一方面以身作则，坚持清廉的作风，从不接受别人的贿赂。

担任济州沙门统的僧人道研拥有大量财产，他在清河郡放了很多高利贷。在苏琼上任前，他与郡县的官吏相勾结，让那些官吏帮他催债，之后再给他们一些好处。苏琼上任后，他多次前去拜访。苏琼知道道研来拜访自己的目的，所以每次在道研没开口前，就非常恭敬严肃地向道研询问佛法，使得道研无法提起收债之事。道研的徒弟看到道研多次拜访苏琼都没有成功，就询问其中的原因。道研非常无奈地说："我每次去拜访苏府君，他还没等我说话，就直接把我带入青云中，我根本无法与他谈论地上的俗事。"

曾担任过乐陵郡太守的赵颖，八十岁辞官后一直在南清河老家生活，在当地很有威望。他听说苏琼一向清廉，从不接受别人的财物后，对此产生了怀疑。他知道苏琼之前的几任太守都非常腐败，所以他觉得苏琼很可能会像那些人一样贪污腐化、收受贿赂。为了证实自己的想法，他决定试探一下苏琼。

五月初的一天，他从自家瓜园摘了一个最大的西瓜，送到苏琼家里。他对苏琼说："我在家闲来无事，就弄了一个瓜园。今天新瓜开园，特地给大人送来一个，请大人品尝一下。"

苏琼非常恭敬地回答说："十分感谢赵老先生的美意。您的心意我领了，不过这瓜我是不会收的，还请您带回去吧！"

赵颖说："大人您不要多虑，我知道大人是一个清廉的好官，我今天给大人送瓜，只是想让大人品尝一下，并不是行贿啊！"说完后，他就转身离开了。

苏琼感到很无奈，但他并没有把西瓜吃掉，而是派人把西瓜装到筐里，之后悬挂在大堂的房梁上。郡里的人听说苏琼收下了赵颖的西瓜后，都认为他是一个表里不一的小人。有些人想求他办事，就带着各种礼物去贿赂他。可当他们来到苏琼的府中，看到房梁上吊着的西瓜，便明白了事情的真相，知道苏琼的确是一个清正廉洁的好官。

在担任清河太守时，苏琼公正廉明，平反了很多冤假错案。尚书崔昂对他说："你这样为谋反者昭雪，不但无法立功扬名，反而还会搭上自己的性命。如果你真想出名，就应该做些其他事情。"

苏琼义正词严地说："我平反的都是冤假错案，并没有让一个犯罪成为漏网之鱼。"

苏琼做了几十年的官，不但为百姓做了大量的好事，还一直保持清正廉洁的作风，深受百姓爱戴。辞官回乡时，他的老部下以及很多百姓都为他送行，还送给他很多礼物以示感谢。不过，他没有收任何东西。

前后判若两人的高洋

　　高洋是南北朝时期东魏权臣高欢的次子，高欢死后，他推翻东魏政权，建立了北齐，成为北齐开国皇帝。高洋在登基之初，励精图治。他热衷于处理各种政务，大力整顿吏治，抓紧练兵和国防建设，使北齐政权迅速强大起来。

　　高洋一上任，就对全国的政府编制做了一番调查，结果发现地方官吏过多。因为远远超过实际需要的人数，就产生了人浮于事，"只拿钱不干活"的情况，大大加剧了农民的负担。于是他决定采纳大臣的建议，改革官制，削减州郡，推行精兵简政的策略。经过高洋大刀阔斧的简编，全国官吏一下子减少上万人，既减少了贪污腐化，又极大地减轻了底层老百姓的负担。

　　有一年遭遇旱灾，很多老百姓都饿死。听到消息的高洋就急忙让李皇后的弟弟李长林打开国家的粮仓赈济灾民。可后来高洋听说老百姓还是很多死于饥饿，他就派人私下去打探原因，经过调查，发现是因为李长林暗地里克扣赈灾粮食，才使得百姓死于饥荒。高洋听说后大怒，下令将李长林斩首以儆效尤，经过大臣们的苦苦哀求，高洋才没有处死李长林，将他将为平民。从这以后，再也没有人敢克扣赈灾粮食。

为防止北方游牧民族的南下侵略，每年一到农闲季节，高洋就会在全国范围内征派农民对历朝历代的长城进行统一加固，这一举动对边疆的稳定起了非常重要的作用。不仅如此，在军事方面，北齐军队大败契丹，俘虏了十多万契丹人，缴获牲畜上百万头。北齐又再接再厉，击败山胡、高丽和柔然，一时间高洋的威望达到顶点。宇文泰看到北齐军队的军容，都情不自禁地感叹道："高欢有子如此，虽死无憾。"

同时，北齐的农业、盐铁业、瓷器制造业都相当发达，是同陈朝、西魏鼎立的三个国家中最富庶的，经过一系列的改革和发展。北齐慢慢的强盛起来。这时的高洋可以说是中国历史上一个年轻有为的国家领袖。

然而，就是这样一个励精图治的有为君主，在取得的巨大成绩面前却放松了警惕。在统治后期，高洋变得暴虐无度，极尽奢侈，就像变了个人似的。高洋曾经面向全国征派了十多万的老百姓在邺都修建了三座富丽堂皇的宫殿。且他在位后期对老百姓的压迫则越来越惨无人道。

这些还不算，高洋后期的行为则可以用变态来形容。他每天喝酒从早喝到晚，喝醉之后则开始滥杀无辜。为了方便自己杀人，他竟然在金銮殿上准备了一把锯和一口锅，很多朝中大臣和宫女被他在喝醉后残忍地杀害。因为后来身边人一个个被他杀死，他就让刑部把判处死刑的囚犯送到宫中，供他杀戮之用，如果囚犯在来年之前能躲过杀害，就会被释放。

高洋丧失人性的行为使北齐便成为了一个不折不扣的"人间地狱"。而长期没有节制的腐化生活大大缩短了高洋的寿命，致使他在 31 岁时早早地就离开了这个世界。

一个人，一旦失去理智，会变成一个滥杀无辜的魔鬼。

农学家贾思勰

北魏时期，我国出现了一位十分卓越的农学家，他就是贾思勰。

贾思勰出生在一个颇有文化气息的农民家庭。他的祖上从事农业劳作，同时也阅读了不少关于农业知识的书，并做了深入研究。贾思勰从小受到家庭氛围的熏陶，读了很多书，学习了很多农业知识。

长大之后，贾思勰步入仕途，当上了高阳太守。此后他到过河北、山东、河南等许多地方。当时由于战乱频繁，社会一直不安定，因而北魏开始走下坡路，经济由盛转衰。在那个年代，贾思勰感触很深，认为国家政权要想稳固，就必须主要采取两方面的措施，一是保障百姓的生活；二是恢复国家经济。因而贾思勰开始将心思花在总结农业生产技术和经验上来。

为了掌握养羊的经验，贾思勰买了二百只羊，决定自己亲自养殖。刚开始的时候，因为饲料准备的不充足，所以没多久，许多羊都饿死了。有了这次教训，贾思勰提前种了二十亩大豆，当做羊的饲料，然而还是有很多羊死了。对此，贾思勰十分不解。就在这时，有人建议贾思勰向养羊能手请教方法。贾思勰立即找到了一位老羊倌，将自己养羊的情况详细地诉说了一遍。老羊倌听完之后，立即指出了原因，并将一些经验传给了贾思勰。原来，贾思勰喂羊的时候，只是把饲料随意扔到羊圈里。羊不但来回践踏饲料，而且还将排泄物排到饲料上，因此羊不吃这种饲料，慢慢地就饿死了。贾思勰在老羊倌家逗留了几天，期间到老羊倌的羊圈里进行了实地考察，并且仔细消化了既得的经验。之后，他回到家里，按照老羊倌的指点养羊，果然收到了很好的效果。在此基础上，他总结出了新的养羊办法和步骤。

在种地方面，贾思勰遇到不懂的问题，便立即向有经验的老农虚心请教。有一次正是春耕的季节，他来到了一片田地里，看到一位老农正在劳作，发现老农只是耕种了其中的一块地，而其他的地则闲置着。贾思勰心里很纳闷，就问老农是什么原因。老农告诉他说："一块田地要是连续耕种的话，土壤肥力会流失，会影响农作物的收成。为了土壤肥力不流失，就必须采取休耕的方式，也就是让田地闲置一年。除此之外，还可以选择种植其他的农作物，那样田地就不会荒芜。"贾思勰认真地听完了老农的解释，并且铭记于心。

贾思勰虚心请教，学到了很多农业知识，比如：茅草地一定要先让牲畜踩一踩，地翻过之后，茅草就不会再次长出来；第一年收获的穗子，要是颗粒饱满、颜色纯正，就是最好的种子，很适合来年种植；不同的地理位置，不同的气候环境，要种植相应的作物。

贾思勰经过实践和探索，掌握了很多农业生产经验。他认为，要是把这些经验都记载成册的话，那么老百姓就有了理论指导，可以提高农业生产效率。所以，他决定写一本相关的著作。此后，他开始梳理古书上的农业知识，获得的经验，以及自己的实践，在分析、整理和总结的基础上，花费了十多年的时间，终于完成了农业技术专著《齐民要术》。

《齐民要术》共有十卷，九十二篇，正文七万字，注释四万字，共十一万字。此书引用了一百五十多种前人的著作，记载了三十多条农业谚语，详细阐述了农作物栽培技术和经济林木的生产方法，以及家畜家禽的饲养和疾病的防治，甚至农、副、畜产品的加工等等。这本书几乎囊括了古代农业生产工艺经验，对我国古代的农业发展产生了深远的影响。

　　《齐民要术》是一部非常实用的农业百科全书。贾思勰正是通过这部作品，奠定了他伟大农学家的地位。另外，《齐民要术》不但在古代发挥了重要作用，而且至今还有很大的指导意义。我国还是一个农业大国，大量的人都还从事着农业生产，可以从《齐民要术》中借鉴、学习一些实用的东西。

"独立使君"裴侠

裴侠生活在西魏时期，为政清廉，生活俭朴，克己爱民；即使做到了公卿之位，仍然不改其志。故而，凡是经他治理过的州郡的百姓都十分爱戴他。

有一年，裴侠因为立下了战功而被任命为河北郡太守。到了新的任上，他保持着生活简朴的作风，爱民如子，每天以豆、麦和咸菜充饥。河北郡有一个惯例，郡里为了保证郡守吃上鱼和肉，就会专门给郡守配置三十个会打猎捕鱼的人。对此，裴侠说："为了让一个人吃得好而让那么多人奔波，这样的事情我做不出来。"于是裴侠就让那些人都回家了。郡里又找来三十个成年男子，让他们做裴侠的私人劳动力，至于他们的佣金则是由郡里发。然而裴侠不但将他们遣散，并且将所有的佣金用来买了官马。等到离任之时，马匹繁殖成群，但是他没有带走任何一匹马。当地的官吏和百姓都十分怀念他，为了表达对其敬仰之情，就编了一曲歌谣："肥鲜不食，丁庸不取，裴公贞惠，为世规矩。"

西魏文帝对裴侠清正爱民的态度十分赞赏。有一次上朝之时，文帝让裴侠自己站在一边，接着对其他官员说："裴侠是天下最清廉的官员，你们之中谁有资格能和他站在一列。"众官员听完之后，都不敢说自己和裴侠有得一比，因而没有人和裴侠站在一起。最后文帝赏赐了裴侠，其他官员没有一个不服气的。之后，他们都称呼裴侠为"独立使君"。

后来，朝廷提拔裴侠做了户部中大夫。当时有一些官员负责管理仓库财物，而他们任职期间目无法纪，几年下来贪污多达千万钱。裴侠到任之后，鼓励人们揭发检举不法的官吏，并且将犯了贪污罪的官吏一一处置。此后，再也没有哪个官吏敢贪污了。

裴侠后又被调任到工部，做了中大夫。当时，有一个叫李贵的官员，掌管钱物，听到裴侠到任之后，在府中哭泣了起来。有人问他："你为什么哭呢？"李贵说："我是一个掌管官家财物的小吏，期间我占用和耗费了许多官家财产。我知道裴公是一个清廉严明的人，害怕他会严厉查办我，故而我哭泣了起来。"裴侠知道这件事情后，允许李贵主动认罪，并且承诺对他从轻发落。之后，李贵老实交代了自己的罪行。

有一次，裴侠生病了，精神状态十分不好；然而听到五鼓声响，裴侠立即起身穿衣，对手下说："现在到了办公的时刻。"奇的是，没多久他的病竟然全好了。已掌握西魏大权的宇文护知道这件事情之后，说："裴侠在病危之际心里还想着政务，因为听到五鼓声响，所以大病痊愈了，这就是上天在保佑他啊！"

还有一回，大司空宇文贵、小司空申征一起去探望裴侠。他们来到裴侠的住所，发现其房屋破烂不堪，不能遮蔽风雨。宇文贵等人回来，将这件事情详细地跟皇帝汇报了一遍。皇帝十分怜悯贫苦的裴侠，于是赐给他良田和粮食，并且给他建造新的房屋，但是裴侠都没有接受。

裴侠一生清苦，无论何时都能做到清正廉明。他的堂弟裴伯凤、裴世修曾在丞相府当差，对其行为十分不解，责备他做官为什么要这般清苦。对此，裴侠说："清廉是一个官员的本分，勤俭则是一个人立足的基础。我们的家族是一个大家族，每一代都应该有人将好的传统继承和发扬下去。我当官不为名利，虽然清苦，但是不会辱没祖先。"两个堂弟听完裴侠的话后，心里都十分惭愧。

宇文泰管理吏治

西魏建立之初的二十多年，丞相一直由宇文泰担任，他精于管理吏治，使用人才，使西魏的国力逐渐强盛。

宇文泰提拔官吏方面摒弃了当时的很多世俗做法，魏晋以来，选拔官吏时多看门第，而非品德和才学。在当时，只要生在名门，无论何等平庸，基本上都能做官。而那些出身卑微的人，即便是有德有才，也很难会出人头地。宇文泰非常痛恨这种门户之见，于是颁布诏书，下令改革，出身不再成为选拔官员条件，人才必须德才兼备。这条诏书使得出身卑微的人才纷纷来投靠宇文泰。

宇文泰本身是鲜卑族人，但他并没有过多照顾自己民族的人，而是将所有民族一视同仁。他用的最多的是汉人，他手下的很多高级官员都是汉人，这其中便包括尚书苏绰。

苏绰未出身名门，所以纵然有满腹经纶，却官职低微。有一次，宇文泰与仆射周惠达谈论国事，他问了周惠达一个问题，周惠达回答不上来，请求暂时出去一趟，回来再回答。然后周惠达出门找苏绰商量了一下，马上回来，并且对答如流。宇文泰听了他的回答之后大吃一惊，当他知道这是苏绰想出的对策，马上任苏绰做了著书佐郎。

有一次，宇文泰出外钓鱼，走到汉代仓池故地的时候，问下面的官员谁知道仓池的来历，结果所有人都唯唯诺诺，没有人知道。有人说苏绰学识渊博，说不定会知道，于是宇文泰便派人把苏绰叫了过来。苏绰不但讲出了仓池的来历，还借这个话题，讲了很多治国的方法。宇文泰听得入了迷，甚至忘了自己是出来钓鱼的，直到天色渐暗，他们才想起来回城。当天夜里，宇文泰留苏绰在府中为他讲解国事。苏绰讲得实在是太精彩，他原本躺下了，最后又坐起来，一直听到天亮，毫无睡意。

从此，宇文泰完全信任了苏绰，有时自己出去游玩，会把一些自己已经签署的空白纸张交给苏绰，让他代自己处理事务。苏绰也没有辜负宇文泰的信任，当时很多颇受人们赞赏的诏书就是他起草，宇文泰修改后颁布的。

可惜天妒英才，由于操劳过度，苏绰不幸于西魏文帝大统十二年（公元 546 年）病亡。宇文泰在祭奠他时放声痛哭道："你一生为国操劳，跟我就像是知己一样，我原本想着和你一起共谋天下呢，不想你竟然这么早就走了！"宇文泰根据苏绰的遗愿，把他的灵柩运回家乡厚葬了。

宇文泰不但任人唯贤，而且能做到用人不疑。宇文测是宇文泰的同族晚辈，在汾州任职，他为官期间得到上级和百姓的一致认可，宇文泰也十分信任他。当时汾州与东魏交界，东魏的军队经常过界到汾州来骚扰西魏。宇文测善于用兵，经常俘获东魏的士兵，但是他以德报怨，不但不惩罚这些人，还设宴款待，并赠送礼品送他们出境。东魏士兵因此深感惭愧，便不再骚扰汾州。令人没想到的是，一些和宇文测有仇的奸臣背地里向宇文泰告状，说宇文测里通外国。宇文泰并没有轻易就相信这些话，他经过一番调查，发现完全是诬陷。为了杀一儆百，他将打小报告的人斩首示众，并奖励了宇文测。

当然，宇文泰并非完人，也会犯错，但他肯定别人的意见，反思自己。宇文泰与别国交战时获胜较多，经常能俘获大量俘虏，他就把这些俘虏卖做奴隶和婢女。中书郎庾季才出钱为其中的一些人赎身，宇文泰觉得很奇怪，就问庾季才："你救这些人干什么？放虎归山，必有后患啊！"庾季才说："征服一个国家，首先要礼遇他们的百姓，丞相已经占领了他们的土地，就不要赶尽杀绝了。"宇文泰想了想，觉得他说的有道理，并说："这是我的过失，如果不是你提出来，我就会令天下人失望了。"于是，将俘获的俘虏全部放了。

宇文泰身处乱世，不但能管理好吏治，还勇于革新，巩固和扩大了西魏的统治。比如土地分配方面，西魏建国之初，关陇地区面临严重的旱灾，老百姓一年到头收成很少；同时，当时战事不断，社会混乱，农民根本没有心思耕种。宇文泰上任以后，恢复了均田制，使得农民有了自己的土地，提高了他们耕种的积极性。此外，他还放宽了交租的标准，多收多缴，少收少缴，没过多久，农民们便恢复了生产。

当时西魏和东魏东西对峙，东魏国家大，人口多，生产发达，相对而言，西魏只占据关陇地区，人口也只有东魏的一半，而且生产能力远低于东魏。不过，从大统二年到十五年之间，东魏多次进攻西魏，都被抵挡回去，最主要的原因便是军民一心，同仇敌忾，而他们之所以如此团结，宇文泰发挥了重要的作用。

柳庆明察断案

　　柳庆，北魏人，是一个天性正直、执法不惧权贵的人，是当时为数不多的敢于直言谏诤之臣。

　　在大统十年，柳庆当上了尚书都郎中，又兼任雍州别驾。在其管辖的区域内，有一个姓孟的人仗着自己是北魏皇室亲族广陵王元欣的外甥，目无法纪，做了很多坏事。有一次，有人告发他偷了牛。柳庆依法将他逮捕，经过一番审讯证明他确实偷了牛，于是就要将他打入大牢，之后给他定罪。

　　姓孟的仗着自己是元欣的外甥，一点都不将柳庆放在眼里。他张狂地对柳庆说："现在你用镣铐锁住我，看你以后怎么放了我。到时一定要让你好看,让你下不了台。"元欣得知自己的外甥被审讯，赶紧派人去衙门为他做辩护。姓孟的看到救兵来了，更加不可一世。但是柳庆一点也不退缩，反而召集官员，公开将姓孟的倚仗权贵、鱼肉百姓的事情都讲了出来，接着果断地下令用笞刑将他打死。自此以后，当地的权贵及其亲戚都收敛了很多，再也不敢违法乱纪。

　　柳庆严厉的执法手段，打击了贵族们的嚣张气焰，维护了老百姓的利益。此外他断案还十分注重明察。

　　有一回，一个商人带着二十斤的金子去京城做生意，寄居在一户人家里，每次出门的时候他都将门锁好，并且将钥匙带在身上。可是过了一段时间，他发现房间里的金子都不见了，奇怪的是房间的门并没有打开过。商人认定是房子的主人偷了自己的金子，于是将主人告到了郡县。官府人员对房子主人进行了严刑拷问，房主人受不了大刑就只好招认了。

柳庆了解了大概情况后，觉得有些疑点，就把商人找来问话。柳庆说："你经常把房间的钥匙放在哪里？"商人说："钥匙我一直放在身上，随身保管。"柳庆又问："你和别人一起同宿过吗？""没有。"又问："那你可曾和别人一起喝过酒吗？"商人答："有一天曾与一个和尚喝了两回酒。那次喝得太多，所以很快就倒下睡着了。"柳庆想了一下，接着说："房主人只是因为忍受不了刑讯的痛苦才被迫认罪的，他并不是盗窃犯。真正的盗窃犯是那个和尚。"

于是柳庆立刻派遣官差去抓捕和尚，结果那个和尚已经携带着金子跑了。最终和尚还是被捕获归案，商人丢失的金子也都分文不少的追了回来。

柳庆断案不但公正明察，而且执法的时候采取宽以待人的原则。

有一个胡人家里遭到了抢劫。郡县查询了很长时间也没能破案，就怀疑是胡人家周围的老百姓所为，将他们全部抓了起来。柳庆虽然认为真正的盗贼并不在这些街坊邻里，可是一时之间也拿不出确凿的证据。为了抓到真正的盗贼，他想出了一个办法。他首先以盗贼的视角写了一封信，内容是这样的："我们几个人抢劫了胡人家，然而事情最终会水落石出，那时我们的罪过就大了，所以现在我想主动投案。可是我又害怕官府判处我们死刑，如果官府能够赦免我的罪，我就去衙门自首。"之后柳庆又以官家的名义发了一份公告，说是对于主动自首的人，会免除他的罪。果然没几天，广陵王元欣府中的一个家奴来自首了。柳庆接着顺藤摸瓜，将他的党羽全部抓获，而那些无罪的老百姓就被释放回家了。

　　柳庆还办过很多这样的案子，而且每一次都能做到严明法纪。他曾经感叹说："汉代的于公断狱无私，百姓为他修建了高大的门庭，他预测他的后代能做到高位。如果他的话应验，那么我也几乎跟于公一样了吧。"

李幼廉杀徐乾

　　李幼廉是北齐的一个官员，当过济州仪同府长史、瀛州长史、并州长史、太仆、大司农二卿、赵州大中正及大理卿等。无论在哪个官职上，他都廉洁奉公真正做到了心系百姓执法为民。尤其他在治理青州之时，依法惩办徐乾以正国法，更是显示出了一个执法者的正直和果断。

　　李幼廉到青州上任，听手下的人说，青州是一个不好治理的地方，有好几任刺史没待多长时间就干不下去了。李幼廉却说："我和他们不一样，一定能将青州治理好。"可是那些手下还是不看好他。李幼廉没再多说什么，只是吩咐他们明天早点升堂办公。

　　到了第二天，李幼廉早早的升堂，可是等了半天却没有一个人来告状。对此李幼廉心里很纳闷。退堂之后，李幼廉为了找出这个原因，就穿上便装走到百姓之中去做调研。李幼廉向百姓请教："这里的治安情况怎么样啊？"有一个百姓说："很多人心里都有怨恨，但都是敢怒不敢言啊。"李幼廉问他："到底是怎么回事儿？你们害怕什么呢？您能不能跟我详细说说。"那个人说："看来你是一个外乡人，不知道这里的情况。我跟你说，我们这里有一个叫徐乾的有钱人，是当地的一霸，平常是无恶不作，并且残暴不讲理。老百姓虽然受到他的伤害，心里很憎恨他，但是也不能把他怎么样，官府也不敢去招惹他。"李幼廉又询问了几名其他的百姓，发现他们说得基本上都是徐乾的不法行为。

为了证实这些信息的可靠性，李幼廉接下来专门对徐乾犯法的事情进行了调查。而就在掌握了第一手资料之后，李幼廉派官差将徐乾抓进了大牢。被抓起来的徐乾依旧蛮横无理，更加嚣张，并且还口出狂言说："不出三天李幼廉就会乖乖地放我出去。"事实上，徐乾之所以如此嚣张也是有一定原因的。因为以前的刺史也曾将他逮捕，但是却没有证据能证明他的罪行，所以就关了他几天，之后就将他放了。这一次徐乾想李幼廉和前几任刺史都一样。

可是出乎徐乾意料的是，他在大牢了待了三天，李幼廉还没有放他出去，这让他感到十分不解。又过了几天，徐乾开始感觉事情有些不妙，然而他仍以为李幼廉只是新官上任三把火，因此还是抱有侥幸心理。在他的管家探监的时候，他秘密地告诉管家去找李幼廉"沟通沟通"。管家说："我已经准备了百两黄金，二十名美女。"徐乾说："你办的不错，这下子李幼廉该放我出去了。下面的事情就交给你了。"管家按照徐乾的吩咐，来到了李幼廉的府上。然而令他没有想到的是，李幼廉根本不吃他这一套，反而被李幼廉狠狠批了一顿，并且被赶了出去。之后，又有很多人找到李幼廉替徐乾说情，但是李幼廉就是不改变自己的决心。为了早点儿将事情解决，当天晚上李幼廉就将徐乾拉出去就地正法了。经过这件事情之后，青州的社会治安明显得到了好转。老百姓是欢欣鼓舞，同时李幼廉执法刚正的声名也在当地迅速传播开来。

陈后主杀谏臣

陈后主是南朝最后一个皇帝，也是中国历史上有名的荒淫无道的帝王之一。他宠幸贵妃，为她们大建宫殿，自己整天在贵妃们的宫殿里吃喝玩乐，吟诗赋词，君臣欢歌，不理朝政，最终导致亡国。

陈后主喜欢听好消息，厌恶坏消息，于是很多大臣都趋炎附势，专拣好听的说。敢于直言进谏的大臣都没有好下场，有的被贬职，有的被杀害。

傅縡是陈后主的老师，任秘书监，兼中书通事舍人，负责起草诏令。陈后主对傅縡颇为敬重，但是傅縡生性直爽，并没有得到重用。朝中大臣施文庆和沈客卿为了便于专政，就诬陷傅縡卖国求荣，将他关进大牢。傅縡在狱中上书给陈后主说："陛下整天荒淫过度，远贤臣，近小人。现在宦官专权，他们看待忠臣就像看到了仇人一样。后宫铺张浪费，而百姓们流离失所，吃不饱，穿不暖，这样下去，早晚有一天会天下大乱，众叛亲离。恐怕南朝的江山社稷，到陛下这儿就要结束了。"

陈后主看了傅縡的上书之后勃然大怒，但又念及师生情谊，不便惩罚，他派人去对傅縡说："我想赦免你，只是不知道你今后能不能改？"傅縡说："即使我说了可以改，我的心也是改不了的，除非我死了。"陈后主听了更加恼火，直接派人把傅縡杀了。

章华是陈后主时期的南海太守，从小就聪慧过人，善写文章。贞明元年（公元587年），他看到北边隋军马上就打到家门口了，陈后主仍旧荒淫无度，荒废朝政，于是上书谏言："当年高祖、世族和高宗之所以能征战四方，无往不胜，扩展疆土一千多里，建立伟业，就是因为他们勤奋！如今陛下不思先帝立朝之艰难，不体谅百姓之疾苦，整日与嫔妃混在一起，沉迷酒色，忠臣良将得不到重用，都被荒废，而那些小人却风生水起。现在边疆守不住了，隋朝的军队已经打到了家门口，陛下如果还不改正，南朝剩下的日子恐怕屈指可数了。"

章华本虽然知道自己这样做很危险，但还是指望陈后主看了谏文会有所醒悟，结果陈后主看后说章华妖言惑众，直接将他处死了。

第二年，隋朝军队攻破南朝都城，陈后主与两个宠妃逃入景阳殿旁边的井中，被隋军捉住，南朝就此灭亡。

陈后主一生附庸风雅，荒淫无道，听不得真话，相信谗言，最后败国也在情理之中。